OEUVRES
DE
Mr. DE VOLTAIRE
NOUVELLE EDITION

REVUE, CORRIGÉE
ET CONSIDERABLEMENT AUGMENTÉE
PAR L'AUTEUR
ENRICHIE DE FIGURES EN TAILLE-DOUCE.

TOME NEUVIEME.

A DRESDE 1750.
CHEZ GEORGE CONRAD WALTHER
LIBRAIRE DU ROI.
AVEC PRIVILEGE

TABLE
DES PIECES
contenues dans le Tome IX.

Dissertation sur la Tragedie ancienne & moderne à Son Eminence le Cardinal Querini   p. 1
SEMIRAMIS, Tragedie   27
Eloge funebre des Officiers, qui sont morts dans la Guerre de 1741.   119
Des Mensonges imprimés   137
Des Titres   155
Sottise des deux parts   165
Memnon   175
Lettres   183
   Lettre d'un Turc   185
  - - à Son Altesse Royale Madame la Princesse de ***   189
  - - à Son Altesse Serenissime Madame la Duchesse du Maine, sur la Victoire remportée par le Roy à Lavfeld   191
  - - à Mademoiselle . . . . devenue depuis Madame de   195
  - - à Monseigneur le Cardinal du Bois   199
  - - de Monsieur de Melon, ci-devant Secretaire du Régent du Royaume, à Madame la Comtesse de Verrue, sur l'Apologie du Luxe   201
Ode sur l'ingratitude   203
Madrigal à Madame de *** sur un passage de Pope   207
à la même, en lui envoyant les Oeuvres mystiques de Fénelon   208
à la même   208
à Madame de *** Les deux amours   209
à la même   210
NANINE, ou L'HOMME SANS PREJUGE, Comedie en trois actes, en vers de dix sillabes   211
  Préface   213

DISSERTATION
SUR
LA TRAGEDIE
ANCIENNE ET MODERNE

A

SON E'MINENCE

MONSEIGNEUR

LE CARDINAL QUERINI

NOBLE VENITIEN, EVEQVE DE BRESCIA,
BIBLIOTHE'CAIRE DU VATICAN.

MONSEIGNEUR,

Il étoit digne d'un génie tel que le vôtre, & d'un homme qui est à la tête de la plus ancienne bibliothéque du monde, de vous donner tout entier aux lettres. On doit voir de tels Princes de l'Eglise sous un Pontife qui a éclairé le monde chrétien avant de le gouverner. Mais si tous les lettrés vous doivent de la reconnoissance, je vous en dois plus que personne, après l'honneur que vous m'avez fait de traduire en si beaux vers la Henriade & le poëme de Fontenoy. Les deux héros vertueux que j'ai célébrés sont devenus les vôtres. Vous avez daigné m'embéllir pour rendre encore plus respectables aux nations les noms de Henry IV. & de Louis XV. & pour étendre de plus en plus dans l'Europe le goût des arts.

Parmi les obligations que toutes les nations modernes ont aux Italiens, & surtout aux premiers Pontifes & à leurs ministres, il faut compter la culture des belles-lettres par qui furent adoucies peu à peu les mœurs féroces & grossieres de nos peuples septentrionaux, & auxquelles nous devons aujourd'hui notre politesse, nos délices & notre gloire.

C'est sous le grand Leon X. que le théâtre grec renâquit ainsi que l'éloquence; la *Sophonisbe* du célébre prélat

Prélat Triffino Nonce du Pape eft la premiere tragédie régulière que l'Europe ait vûe après tant de fiécles de barbarie : comme la *Calandra* du Cardinal Bibiena avoit été auparavant la premiere comédie dans l'Italie moderne. Vous fûtes les premiers qui élevâtes de grands théâtres, & qui donnâtes au monde quelque idée de cette fplendeur de l'ancienne Gréce qui attiroit les nations étrangeres à fes folemnités, & qui fut le modèle des peuples en tous les genres.

Si votre nation n'a pas toujours égalé les anciens dans le tragique, ce n'eft pas que votre langue harmonieufe, féconde & flexible, ne foit propre à tous les fujets; mais il y a grande apparence que les progrès que vous avez faits dans la mufique, ont nui enfin à ceux de la véritable tragédie. C'eft un talent qui a fait tort à un autre.

Permettez que j'entre avec votre Eminence dans une difcuffion littéraire. Quelques perfonnes, accoutumées au ftile des epitres dédicatoires, s'étonneront que je me borne ici à comparer les ufages des Grecs avec les modernes, au lieu de comparer les grands hommes de l'antiquité avec ceux de votre maifon; mais je parle à un favant, à un fage, à celui dont les lumieres doivent m'éclairer, & dont j'ai l'honneur d'être le confrere dans la plus ancienne Académie de l'Europe, dont les membres s'occupent fouvent de femblables recherches; je parle enfin à celui qui aime mieux me donner des inftructions que de recevoir des éloges.

PRE-

PREMIERE PARTIE.

Des tragédies grecques imitées par quelques opéra italiens & français.

Un célebre auteur de votre nation, dit que depuis les beaux jours d'Athenes, la tragédie errante & abandonnée, cherche de contrée en contrée quelqu'un qui lui donne la main & qui lui rende ses premiers honneurs, mais qu'elle n'a pu le trouver.

S'il entend qu'aucune nation n'a de théâtres, où des chœurs occupent presque toujours la scene & chantent des strophes, des épodes & des antistrophes accompagnées d'une danse grave ; qu'aucune nation ne fait paraitre ses acteurs sur des espéces d'échasses, & ne couvre leur visage d'un masque qui exprime la douleur d'un côté & la joye de l'autre ; que la déclamation de nos tragédies n'est point notée & soutenue par des flutes, il a sans doute raison, & je ne sai si c'est à notre désavantage. J'ignore si la forme de nos tragédies, plus raprochée de la nature, ne vaut pas celle des Grecs qui avoit un apareil plus imposant.

Si cet auteur veut dire qu'en général ce grand art n'est pas aussi consideré depuis la renaissance des lettres, qu'il l'étoit autrefois ; qu'il y a en Europe des nations qui ont quelquefois usé d'ingratitude envers les successeurs des Sophocles & des Euripides, que nos théâtres ne sont point de ces édifices superbes dans qui les Athéniens mettoient leur gloire ; que nous ne prenons pas les mêmes soins qu'eux de ces spectacles qui sont devenus si nécessaires dans nos villes immenses : on doit être entierement de son opinion. *Et sapit, & mecum facit, & jove judicat æquo.*

Où trouver un spectacle qui nous donne une image de la scene grecque ? c'est peut-être dans vos tragédies, nommées opéra, que cette image subsiste. Quoi, me dira-t-on, un opéra italien auroit quelque ressemblance avec le théâtre d'Athènes ! Oui. Le récitatif italien est précisément la mélopée des anciens, c'est cette déclamation notée & soutenue par des instrumens de musique. Cette mélopée qui n'est ennuieuse que dans vos mauvaises *tragédies opéra*, est admirable dans vos bonnes piéces. Les chœurs que vous y avez ajoûtés depuis quelques années, & qui sont liés essentiellement au sujet, approchent d'autant plus des chœurs des anciens, qu'ils sont exprimés avec une musique différente du récitatif, comme la strophe, l'épode & l'antistrophe étoient chantées chez les Grecs tout autrement que la mélopée des scenes. Ajoûtez à ces ressemblances que dans plusieurs *tragédies opéra* du célébre Abbé Metastasio, l'unité de lieu, d'action & de tems, sont observées : ajoûtez que ces piéces sont pleines de cette poësie d'expression, & de cette élégance continue, qui embellissent le naturel sans jamais le charger, talent que depuis les Grecs le seul Racine a possedé parmi nous, & le seul Adisson chez les Anglais.

Je sai que ces tragédies si imposantes par les charmes de la musique & par la magnificence du spectacle, ont un défaut que les Grecs ont toujours évité ; je sai que ce défaut a fait des monstres des piéces les plus belles, & d'ailleurs les plus régulieres : il consiste à mettre dans toutes les scenes de ces petits airs coupés, de ces ariétes détachées qui interrompent l'action, & qui font valoir les fredons d'une voix efféminée, mais brillante au dépens de l'intérêt & du bon sens. Le grand auteur que j'ai déja cité & qui a tiré beaucoup de ses piéces de notre théâtre tragique, a remédié, à force de génie, à ce défaut qui est devenu une nécessité. Les paroles de ses airs détachés sont souvent des

embel-

embelliſſeméns du ſujet même; elles ſont paſſionnées, elles ſont quelquefois comparables aux plus beaux morceaux des odes d'Horace, j'en apporterai pour preuve cette ſtrophe touchante que chante Arbace accuſé & innocent.

>Vo ſolcando un mar crudele
>Senza vele
>E ſenza ſarte.
>Freme l'onda, il ciel s'imbruna,
>Creſce il vento e manca l'arte;
>E il voler della fortuna
>Son coſtretto a ſeguitar.
>Infelice in quello ſtato,
>Son da tutti abbandonato;
>Meco ſola è l'innocenza
>Che mi porta a naufragar.

J'y ajouterai encore cette autre ariéte ſublime que débite le Roi des Parthes vaincu par Adrien, quand il veut faire ſervir ſa défaite même à ſa vengeance.

>Sprezza il furor del vento
>Robuſta quercia auvezza
>Di cento venti è cento
>L'injurie a tolerar.
>E ſe pur cade al ſuolo,
>Spiega per l'onde il volo;
>E,con quel vento iſteſſo
>Va contraſtando il mar.

Il y en a beaucoup de cette eſpece, mais que ſont des beautés hors de place? Et qu'auroit-on dit dans Athenes ſi Oedipe & Oreſte avoient, au moment de la ré‑

connaissance, chanté des petits airs fredonnés, & débité des comparaisons à Electre & à Jocaste ? Il faut donc avouer que l'opéra, en séduisant les Italiens par les agrémens de la musique, a détruit d'un côté la véritable tragédie grecque qu'il faisoit renaître de l'autre.

Notre opéra français nous devoit faire encore plus de tort; notre mélopée rentre bien moins que la vôtre dans la déclamation naturelle; elle est plus languissante; elle ne permet jamais que les scenes ayent leur juste étendue; elle exige des dialogues courts en petites maximes coupées, dont chacune produit une espece de chanson.

Que ceux qui sont au fait de la vraie littérature des autres nations, & qui ne bornent pas leur science aux airs de nos ballets, songent à cette admirable scene dans *la Clemenza di Tito*, entre Titus & son favori, qui a conspiré contre lui; je veux parler de cette scene où Titus dit à Sestus ces paroles divines;

Siam soli, il tuo Sovrano
Non è presente; apri il tuo core à Tito,
Confida ti all' amico; io ti prometto
Qu' Augusto n'ol saprà.

Qu'ils relisent le monologue suivant où Titus dit ces autres paroles qui doivent être l'éternelle leçon de tous les rois, & le charme de tous les hommes.

. . . . Il torre' altrui la vita
E facolta commune
Al piu vil della terra; il dar la è solo
De' numi, & de' regnanti.

Ces deux scenes comparables à tout ce que la Grece a eu de plus beau, si elles ne sont pas supérieures; ces deux scenes dignes de Corneille, quand il n'est pas dé-

clama-

clamateur, & de Racine, quand il n'eſt pas faible; ces deux ſcenes qui ne ſont pas fondées ſur un amour d'opéra, mais ſur les plus nobles ſentimens du cœur humain, ont une durée trois fois plus longue au moins que les ſcenes les plus étendues de nos tragédies en muſique. De pareils morceaux ne ſeroient pas ſupportés ſur notre théâtre lyrique, qui ne ſe ſoutient guéres que par des maximes de galanterie, & par des paſſions manquées, à l'exception d'Armide, & des belles ſcenes d'Iphigénie, ouvrages plus admirables qu'imités.

Parmi nos défauts nous avons, comme vous, dans nos opera les plus tragiques, une infinité d'airs détachés, mais qui ſont plus défectueux que les vôtres, parce qu'ils ſont moins liés au ſujet. Les paroles y ſont preſque toujours aſſervies aux muſiciens, qui ne pouvant exprimer dans leurs petites chanſons les termes mâles & énergiques de notre langue, éxigent des paroles efféminées, oiſives, vagues, étrangeres à l'action, & ajoutées comme on peut à de petits airs meſurés, ſemblables à ceux qu'on appelle à Veniſe *Barcarole*. Quel raport, par exemple, entre Theſée reconnu par ſon pere ſur le point d'être empoiſonné par lui, & ces ridicules paroles.

>Le plus ſage
>S'enflamme & s'engage
>Sans ſavoir comment.

Malgré ces défauts, j'oſe encore penſer que nos bonnes tragédies opéra, telles qu'Atis, Armide, Theſée, étoient ce qui pouvoit donner parmi nous quelque idée du théâtre d'Athenes, parce que ces tragédies ſont chantées comme celles des Grecs; parce que le chœur, tout vicieux qu'on l'a rendu, tout fade panégyriſte qu'on l'a fait de la morale amoureuſe, reſſemble pourtant à celui des Grecs, en ce qu'il occupe ſouvent la ſcene. Il ne dit pas ce qu'il doit dire, il n'enſeigne pas la vertu;

& regat Iratos & amet peccare timentes ; mais enfin il faut avouer que la forme des tragédies opéra nous retrace la forme de la tragédie grecque à quelques égards. Il m'a donc paru en général, en consultant les gens de lettres qui connaissent l'antiquité, que ces tragédies opéra sont la copie & la ruine de la tragédie d'Athenes. Elles en font la copie en ce qu'elles admettent la mélopée, les chœurs, les machines, les divinités : elles en font la destruction, parce qu'elles ont accoutumé les jeunes gens à se connaître en sons plus qu'en esprit, à préférer leurs oreilles à leur ame, des roulades à des pensées sublimes, à faire valoir quelquefois les ouvrages les plus insipides & les plus mal écrits, quand ils sont soutenus par quelques airs qui nous plaisent. Mais, malgré tous ces défauts, l'enchantement qui résulte de ce mélange heureux de scenes, de chœurs, de danses, de simphonie, & de cette variété de décorations, subjugue jusqu'au critique même ; & la meilleure comédie, la meilleure tragédie n'est jamais fréquentée par les mêmes personnes aussi assidument qu'un opéra médiocre. Les beautés régulieres, nobles, séveres, ne sont pas les plus recherchées par le vulgaire ; si on représente une ou deux fois Cinna, on joue trois mois les Fêtes vénitiennes : un poëme épique est moins lû que des épigrammes licentieuses; un petit roman sera mieux débité que l'histoire du Président de Thou. Peu de particuliers font travailler de grands peintres ; mais on se dispute des figures estropiées qui viennent de la Chine, & des ornemens fragiles. On dore, on vernit des cabinets, on néglige la noble architecture ; enfin dans tous les genres, les petits agrémens l'emportent sur le vrai mérite.

SECON-

SECONDE PARTIE.

De la tragédie française comparée à la tragédie grecque.

Heureusement la bonne & vraie tragédie parut en France avant que nous eussions ces opéra qui auroient pû l'étouffer. Un auteur nommé Mairet fut le premier qui en imitant la Sophonisbe du Trissino, introduisit la régle des trois unités, que vous avez prises des Grecs. Peu à peu notre scene s'épura, & se défit de l'indécence & de la barbarie qui deshonoroient alors tant de théâtres, & qui servoient d'excuse à ceux dont la séverité peu éclairée condamnoit tous les spectacles.

Les acteurs ne parurent pas élevés comme à Athénes, sur des cothurnes qui étoient de véritables échasses; leur visage ne fut pas caché sous de grands masques dans lesquels des tuyaux d'airain rendoient les sons de la voix plus frapans & plus terribles. Nous ne pûmes avoir la mélopée des Grecs. Nous nous réduisîmes à la simple déclamation harmonieuse, ainsi que vous en aviez d'abord usé. Enfin nos tragédies devinrent une imitation plus vraie de la nature. Nous substituâmes l'histoire à la fable grecque. La politique, l'ambition, la jalousie, les fureurs de l'amour régnerent sur nos théâtres. Auguste, Cinna, Cesar, Cornélie plus respectables que des héros fabuleux, parlerent souvent sur notre scene, comme ils auroient parlé dans l'ancienne Rome.

Je ne prétends pas que la scene française l'ait emporté en tout sur celle des Grecs, & doive la faire oublier. Les inventeurs ont toujours la premiere place dans la mémoire des hommes; mais quelque respect qu'on ait pour ces premiers génies, cela n'empêche pas que ceux qui les ont suivis ne fassent souvent beaucoup plus de plaisir. On respecte

specte Homere, mais on lit le Tasse; on trouve dans lui beaucoup de beautés qu'Homere n'a point connues. On admire Sophocle, mais combien de nos bons auteurs tragiques ont-ils des traits de maître que Sophocle eût fait gloire d'imiter, s'il fût venu après eux? Les Grecs auroient appris de nos grands modernes à faire des expositions plus adroites, à lier les scenes les unes aux autres par cet art imperceptible qui ne laisse jamais le théâtre vuide, & qui fait venir & sortir avec raison les personnages; c'est à quoi les anciens ont souvent manqué, & c'est en quoi le Trissino les a malheureusement imités.

Je maintiens, par exemple, que Sophocle & Euripide eussent regardé la premiere scene de Bajazet comme une école où ils auroient profité, en voyant un vieux général d'armée annoncer, par les questions qu'il fait, qu'il médite une grande entreprise.

> Que faisoient cependant nos braves Janissaires,
> Rendent-ils au Sultan, des hommages sinceres,
> Dans le secret des cœurs Osmin n'as-tu rien lû?

Et le moment d'après:

> Crois-tu qu'ils me suivroient encor avec plaisir,
> Et qu'ils reconnaîtroient la voix de leur Visir?

Ils auroient admiré comme ce conjuré développe ensuite ses desseins, & rend compte de ses actions. Ce grand mérite de l'art n'étoit point connu aux inventeurs de l'art. Le choc des passions, ces combats de sentimens opposés, ces discours animés de rivaux & de rivales, ces querelles, ces bravades, ces plaintes réciproques, ces contestations intéressantes, où l'on dit ce que l'on doit dire; ces situations si bien ménagées les auroient étonnés; ils eussent trouvé mauvais peut-être qu'Hippolite soit amoureux assez froidement d'Aricie, & que son gouverneur lui fasse des leçons de galanterie, qu'il dise:

Vous-même où seriez-vous,
Si toujours votre mere à l'amour oppofée,
D'une pudique ardeur n'eût brulé pour Thefée.

Paroles tirées du Paftor Fido, & bien plus convenables à un berger qu'au gouverneur d'un prince: mais ils euffent été ravis en admiration en entendant Phedre s'écrier,

Oenone, qui l'eût cru, j'avois une rivale.
...... Hippolite aime, & je n'en peux douter.
Ce farouche ennemi qu'on ne pouvoit dompter,
Qu'offenfoit le refpect, qu'importunoit la plainte,
Ce tigre que jamais je n'abordai fans crainte,
Soumis, aprivoifé, reconhaît un vainqueur.

Ce defefpoir de Phedre en découvrant fa rivale, vaut certainement un peu mieux que la fatire des femmes favantes, que fait fi longuement & fi mal-à-propos l'Hippolité d'Euripide, qui devient là un mauvais perfonnage de comédie. Les Grecs auroient furtout été furpris de cette foule de traits fublimes qui étincellent de toutes parts dans nos modernes. Quel effet ne feroit point fur eux ce vers?

Que vouliez-vous qu'il fit contre trois ? qu'il mourut.

Et cette réponfe peut être encore plus belle & plus paffionné que fait Hermione à Orefte, lors qu'après avoir éxigé de lui la mort de Pirrhus qu'elle aime, elle apprend malheureufement qu'elle eft obéïe, elle s'écrie alors:

Pourquoi l'affaffiner, qu'a-t-il fait, à quel titre,
Qui te l'a dit?

ORESTE.
O Dieux, quoi ne m'avez-vous pas
Vous-même ici tantôt ordonné fon trepas

HER-

HERMIONE.
Ah ! falloit-il en croire une amante infenfée ?

Je citerai encore ici ce que dit Céfar, quand on lui préfente l'urne qui renferme les cendres de Pompée.

Reftes d'un demi-Dieu, dont à peine je puis
Egaler le grand nom, tout vainqueur que j'en fuis.

Les Grecs ont d'autres beautés, mais je m'en rapporte à vous, MONSEIGNEUR, ils n'en ont aucune de ce caractere.

Je vais plus loin, & je dis que ces hommes qui étoient fi paffionnés pour la liberté, & qui ont dit fi fouvent qu'on ne peut penfer avec hauteur que dans les républiques, apprendroient à parler dignement de la liberté même, dans quelques-unes de nos piéces, tout-écrites qu'elles font dans le fein d'une monarchie.

Les modernes ont encore, plus fréquemment que les Grecs, imaginé des fujets de pure invention. Nous eûmes beaucoup de ces ouvrages du tems du Cardinal de Richelieu, c'étoit fon goût, ainfi que celui des Efpagnols : il aimoit qu'on cherchât d'abord à peindre des mœurs & à arranger une intrigue, & qu'enfuite on donnât des noms aux perfonnages, comme on en ufe dans la comédie ; c'eft ainfi qu'il travailloit lui-même, quand il vouloit fe délaffer du poids du miniftere. Le Vinceflas de Rotrou eft entierement dans ce goût, & toute cette hiftoire eft fabuleufe. Mais l'Auteur voulut peindre un jeune homme fougueux dans fes paffions, avec un mélange de bonnes & de mauvaifes qualités ; un pere tendre & faible ; & il a réuffi dans quelques parties de fon ouvrage. Le Cid & Héraclius tirés des Efpagnols, font encore des fujets feints ; il eft bien vrai qu'il y a eu un Empereur nommé Héraclius, un Capitaine efpagnol qui eut le nom de Cid, mais prefqu'aucunes des avantures qu'on leur attribué n'eft véri-

véritable. Dans Zaïre & dans Alzire, si j'ose en parler) (& je n'en parle que pour donner des exemples connus, tout est feint jufqu'aux noms. Je ne conçois pas après cela, comment le pere Brumoy a pu dire dans son théâtre des Grecs, que la tragédie ne peut fouffrir de fujets feints, & que jamais on ne prit cette liberté dans Athênes. Il s'épuife à chercher la raifon d'une chofe qui n'eft pas ; "Je crois en trouver une raifon, *dit-il*, dans la nature de
„ l'efprit humain : il n'y a que la vraifemblance dont il
„ puiffe être touché. Or il n'eft pas vraifemblable que des
„ faits auffi grands que ceux de la tragédie foient abfolu-
„ ment inconnus ; fi donc le poëte invente tout le fujet
„ jufqu'aux noms, le fpectateur fe révolte, tout lui paraît
„ incroyable, & la piéce manque fon effet, faute de vrai-
„ femblance. „

Premierement, il eft faux que les Grecs fe foient interdits cette efpece de tragédie. Ariftote dit expreffément qu'Agathon s'étoit rendu très-célébre dans ce genre. Secondement il eft faux que ces fujets ne réuffiffent point ; l'expérience du contraire dépofe contre le pere Brumoy, En troifiéme lieu, la raifon qu'il donne du peu d'effet que ce genre de tragédie peut faire, eft encore très-fauffe : c'eft affurément ne pas connaître le cœur humain, que de penfer qu'on ne peut le remuer par des fictions. En quatriéme lieu, un fujet de pure invention, & un fujet vrai, mais ignoré, font abfolument la même chofe pour les fpectateurs : & comme notre fcène embraffe des fujets de tous les tems & de tous les pays, il faudroit qu'un fpectateur allât confulter tous les livres, avant qu'il fût fi ce qu'on lui repréfente eft fabuleux ou hiftorique ; il ne prend pas affurément cette peine ; il fe laiffe attendrir quand la piéce eft touchante, & il ne s'avife pas de dire, en voyant *Policucte*, je n'ai jamais entendu parler de Sévere & de Pauline, ces gens-là ne doivent pas me toucher.

Le pere Brumoy devoit feulement remarquer que les piéces de ce genre font beaucoup plus difficiles à faire que
les

les autres. Tout le caractere de Phedre étoit déjà dans Euripide; fa déclaration d'amour dans Séneque le Tragique: toute la fcene d'Augufte & de Cinna dans Séneque le Philofophe; mais il falloit tirer Sévere & Pauline de fon propre fonds. Au refte, fi le pere Bruinoy s'eft trompé dans cet endroit & dans quelques autres, fon livre eft d'ailleurs un des meilleurs & des plus utiles que nous ayons, & je ne combats fon erreur qu'en eftimant fon travail & fon goût.

Je reviens, & je dis que ce feroit manquer d'ame & de jugement, que de ne pas avouer combien la fcene françaife eft au-deffus de la fcene grecque, par l'art de la conduite, par l'invention, par les beautés de détail, qui font fans nombre.

Mais auffi on feroit bien partial & bien injufte, de ne pas tomber d'accord que la galanterie a prefque partout affaibli tous les avantages que nous avons d'ailleurs.

Il faut convenir que, d'environ quatre cent tragédies qu'on a données au théâtre, depuis qu'il eft en poffeffion de quelque gloire en France, il n'y en a pas dix ou douze qui ne foient fondées fur une intrigue d'amour, plus propre à la comédie qu'au genre tragique. C'eft prefque toujours la même piéce, le même nœud, formé par une jaloufie & une rupture, & dénoué par un mariage; c'eft une coquetterie continuelle; une fimple comédie, où des princes font acteurs, & dans laquelle il y a quelquefois du fang répandu pour la forme.

La plupart de ces piéces reffemblent fi fort à des comédies, que les acteurs étoient parvenus, depuis quelque tems, à les réciter du ton dont ils jouent les piéces qu'on appelle du haut comique; ils ont par-là contribué à dégrader encore la Tragédie: la pompe & la magnificence de la déclamation ont été mifes en oubli. On s'eft piqué de réciter des vers comme de la profe, on n'a pas confidéré qu'un langage au-deffus du langage ordinaire, doit
être

être debité d'un ton au-dessus du ton familier. Et si quelques acteurs ne s'étoient heureusement corrigé de ces défauts, la tragédie ne seroit bientôt, parmi nous, qu'une suite de conversations galantes, froidement récitées : aussi, n'y a-t-il pas encore long-temps que parmi les acteurs de toutes les troupes, les principaux rôles dans la tragédie, n'étoient connus que sous le nom de *l'Amoureux & de l'Amoureuse*. Si un étranger avoit demandé dans Athènes : Quel est votre meilleur acteur pour les amoureux dans Iphigénie, dans Hécube, dans les Héraclides, dans Oedipe & dans Electre ? on n'auroit pas même compris le sens d'une telle demande. La scène françaife s'est lavée de ce reproche par quelques tragédies, où l'amour est une passion furieuse & terrible, & vraiment digne du théâtre, & par d'autres, où le nom d'amour n'est pas même prononcé. Jamais l'amour n'a fait verser tant de larmes que la nature. Le cœur n'est qu'effleuré, pour l'ordinaire, des plaintes d'une amante ; mais il est profondément attendri de la douloureuse situation d'une mere, prête de perdre son fils ; c'est donc assurément par condescendance pour son ami, que Despréaux disoit :

. . . . . de l'amour la sensible peinture,
Est pour aller au cœur la route la plus sûre.

La route de la nature est cent fois plus sûre, comme plus noble ; les morceaux les plus frappans d'Iphigénie, sont ceux où Clitemnestre défend sa fille, & non pas ceux où Achille défend son amante.

On a voulu donner dans Sémiramis un spectacle encore plus pathétique que dans Mérope ; on y a déployé tout l'appareil de l'ancien théâtre grec. Il seroit triste, après que nos grands maîtres ont surpassé les Grecs en tant de choses dans la tragédie, que notre nation ne pût les égaler dans la dignité de leurs représentations. Un des grands obstacles qui s'opposent sur notre théâtre, à toute action grande & pathétique, est la foule des spectateurs, confondue sur la scene avec les acteurs; cette indécence se fit sentir particulierement à la premiere représentation de Sémiramis. La principale actrice de Londres, qui étoit présente à ce spectacle, ne revenoit point de son étonnement: elle ne pouvoit concevoir comment il y avoit des hommes assez ennemis de leurs plaisirs, pour gâter ainsi le spectacle sans en jouir. Cet abus a été corrigé dans la suite aux représentations de Sémiramis, & il pourroit aisément être suprimé pour jamais. Il ne faut pas s'y méprendre, un inconvénient tel que celui-là seul, a suffi pour priver la France de beaucoup de chefs-d'œuvres qu'on auroit sans doute hazardés, si on avoit eû un théâtre libre, propre pour l'action, & tel qu'il est chez toutes les autres nations de l'Europe.

Mais ce grand défaut n'est pas assurément le seul qui doive être corrigé. Je ne peux assez m'étonner ni me plaindre du peu de soin qu'on a en France de rendre les théâtres dignes des excellens ouvrages qu'on y représente, & de la nation qui en fait ses délices. Cinna, Athalie, méritoient d'être représentés ailleurs que dans un jeu de paume, au bout duquel on a élevé quelques décorations du plus mauvais goût, & dans lequel les spectateurs sont placés contre tout ordre & contre toute raison, les uns debout, sur le théâtre même, les autres debout, dans ce qu'on appelle parterre, où ils sont génés & pressés indécemment, & où ils se précipitent quelquefois en tumulte les uns sur les autres, comme dans une sédition populaire. On représente au fond du Nord, nos ouvrages dramatiques dans des salles mille fois plus magnifiques, mieux entendues, & avec beaucoup plus de décence.

Que nous sommes loin, sur-tout de l'intelligence & du bon goût qui regne en ce genre dans presque

toutes

toutes vos villes d'Italie ? Il est honteux de laisser subsister encore ces restes de barbarie dans une ville si grande, si peuplée, si opulente & si polie. La dixiéme partie de ce que nous dépensons tous les jours en bagatelles aussi magnifiques qu'inutiles & peu durables, suffiroit pour élever des monumens publics en tous les genres, pour rendre Paris aussi magnifique qu'il est riche & peuplé, & pour l'égaler un jour à Rome, qui est notre modèle en tant de choses. C'étoit un des projets de l'immortel Colbert. J'ose me flatter qu'on pardonnera cette petite digression à mon amour pour les arts & pour ma patrie. Et que peut-être même un jour elle inspirera aux magistrats qui sont à la tête de cette ville, la noble envie d'imiter les magistrats d'Athènes & de Rome, & ceux de l'Italie moderne.

Un théâtre construit selon les régles doit être très-vaste ; il doit représenter une partie d'une place publique, le péristile d'un palais, l'entrée d'un temple. Il doit être fait de sorte qu'un personnage vû par les spectateurs, puisse ne l'être point par les autres personnages selon le besoin. Il doit en imposer aux yeux qu'il faut toujours séduire les premiers. Il doit être susceptible de la pompe la plus majestueuse. Tous les spectateurs doivent voir & entendre également, en quelqu'endroit qu'ils soient placés. Comment cela peut-il s'exécuter sur une scene étroite au milieu d'une foule de jeunes gens qui laissent à peine dix pieds de place aux acteurs ? De-là vient que la plupart des piéces ne sont que de longues conversations ; toute action théatrale est souvent manquée & ridicule. Cet abus subsiste comme tant d'autres, par la raison qu'il est établi, & parce qu'on jette rarement sa maison par terre quoiqu'on sache qu'elle est mal tournée. Un abus public n'est jamais corrigé qu'à la dernière extrémité. Au reste, quand je parle d'une action théatrale, je parle d'un appareil, d'une cérémonie, d'une assemblée, d'un événe-

événement nécessaire à la piéce, & non pas de ces vains spectacles plus puériles que pompeux, de ces ressources du décorateur qui suppléent à la stérilité du poëte, & qui amusent les yeux, quand on ne sait pas parler aux oreilles & à l'ame. J'ai vû à Londres une piéce où l'on représentoit le coûronnement du Roi d'Angleterre, dans toute l'éxactitude possible. Un chevalier armé de toutes piéces entroit à cheval sur le théâtre. J'ai quelquefois entendu dire à des étrangers : *Ah! le bel opéra que nous avons eû ; on y voyoit passer au galop plus de deux cens gardes.* Ces gens-là ne savoient pas que quatre beaux vers valent mieux dans une piéce qu'un régiment de cavalerie. Nous avons à Paris une troupe comique étrangère, qui ayant rarement de bons ouvrages à représenter, donne sur le théâtre des feux d'artifice. Il y a long-tems qu'Horace, l'homme de l'antiquité qui avoit le plus de goût, a condamné ces sottises qui leurrent le peuple.

Esseda festinant, pilenta, petorrita, naves;
Captivum portatur ebur, captiva Corinthus.
Si foret in terris, rideret Democritus;
Spectaret populum ludis attentius ipsis.

TROISIEME PARTIE.

De Sémiramis.

Par tout ce que je viens d'avoir l'honneur de vous dire, MONSEIGNEUR, vous voyez que c'étoit une entreprise assez hardie de représenter Sémiramis assemblant les ordres de l'état pour leur annoncer son mariage ; l'ombre de Ninus sortant de son tombeau pour prévenir un inceste & pour venger sa mort ; Sémiramis entrant dans ce mausolée, & en sortant expirante, & percée de la main de son fils. Il étoit à craindre que ce spectacle ne révoltât : & d'abord, en effet, la plûpart de ceux qui fréquentent les spectacles, accoûtumés à des élégies amoureuses, se liguèrent contre ce nouveau genre de tragédie. On dit qu'autrefois dans une ville de la grande Gréce, on proposoit des prix pour ceux qui inventeroient des plaisirs nouveaux. Ce fut ici tout le contraire. Mais quelques efforts qu'on ait fait pour faire tomber cette espéce de drame, vraiment terrible & tragique, on n'a pû y réussir ; on disoit & on écrivoit de tous côtés que l'on ne croit plus aux revenans, & que les apparitions des morts ne peuvent être que puériles aux yeux d'une nation éclairée. Quoi ! toute l'antiquité aura cru ces prodiges, & il ne sera pas permis de se conformer à l'antiquité ? Quoi ! notre religion aura consacré ces coups extraordinaires de la Providence, & il seroit ridicule de les renouveller ?

Les Romains philosophes ne croyoient pas aux revenans du temps des Empereurs, & cependant le jeune

Pompée évoque une ombre dans la Pharsale. Les Anglais ne croyent pas assurément plus que les Romains aux revenans ; cependant ils voyent tous les jours avec plaisir dans la tragédie d'Hamlet, l'ombre d'un roi qui paraît sur le théâtre, dans une occasion à peu près semblable à celle où l'on a vû à Paris le spectre de Ninus. Je suis bien loin assurément de justifier en tout la Tragédie d'Hamlet ; c'est une Piéce grossiére & barbare, qui ne seroit pas supportée par la plus vile populace de France & d'Italie. Hamlet y devient fou au second acte, & sa maîtresse devient folle au troisiéme ; le prince tue le pere de sa maîtresse croyant tuer un rat, & l'héroïne se jette dans la riviere. On fait sa fosse sur le théâtre ; des fossoyeurs disent des quolibets dignes d'eux en tenant dans leurs mains des têtes de morts ; le prince Hamlet répond à leurs grossièretés abominables par des folies non moins dégoutantes ; pendant ce tems-là, un des acteurs fait la conquête de la Pologne ; Hamlet, sa mere, & son beau-pere boivent ensemble sur le théâtre ; on chante à table ; on s'y querelle ; on se bat ; on se tue ; on croiroit que cet ouvrage est le fruit de l'imagination d'un Sauvage yvre. Mais parmi ces irrégularités grossiéres qui rendent encore aujourd'hui le théâtre anglais si absurde & si barbare, on trouve dans Hamlet, par une bizarerie encore plus grande, des traits sublimes, dignes des plus grands génies. Il semble que la nature se soit plû à rassembler dans la tête de Shakespear, ce qu'on peut imaginer de plus fort & de plus grand, avec ce que la grossièreté sans esprit peut avoir de plus bas & de plus détestable.

Il faut avouer que parmi les beautés qui étincellent au milieu de ces horribles extravagances, l'ombre du pere d'Hamlet est un des coups de théâtre des plus frapans.

frapans. Il fait toujours un grand effet sur les Anglais, je dis sur ceux qui sont les plus instruits, & qui sentent le mieux toute l'irrégularité de leur ancien théâtre. Cette ombre inspire plus de terreur à la seule lecture, que n'en fait naître l'apparition de Darius dans la tragédie d'Echyle, intitulée les Perses. Pourquoi? Parce que Darius, dans Echyle, ne paraît que pour annoncer les malheurs de sa famille; au lieu que dans Shakespear, l'ombre du pere d'Hamlet vient demander vengeance, vient révéler des crimes secrets; elle n'est ni inutile, ni amenée par force; elle sert à convaincre qu'il y a un pouvoir invisible, qui est le maître de la nature. Les hommes qui ont tous un fonds de justice dans le cœur, souhaitent naturellement que le ciel s'intéresse à venger l'innocence: on verra avec plaisir en tout tems & en tous pays, qu'un Etre suprême s'occupe à punir les crimes de ceux que les hommes ne peuvent apeller en jugement; c'est une consolation pour le faible, c'est un frein pour le pervers qui est puissant.

Du ciel, quand il le faut, la justice suprême,
Suspend l'ordre éternel, établi par lui-même;
Il permet à la mort d'interrompre ses loix,
Pour l'effroi de la terre, & l'exemple des rois.

Voila ce que dit à Sémiramis le pontife de Babylone; & ce que le successeur de Samuël auroit pû dire à Saül, quand l'ombre de Samuël vint lui annoncer sa condamnation.

Je vais plus avant, & j'ose affirmer que lorsqu'un tel prodige est annoncé dans le commencement d'une tragédie, quand il est préparé, quand on est parvenu enfin jusqu'au point de le rendre nécessaire, de le faire désirer défirer même par les spectateurs, il se place alors au rang des choses naturelles.

On sait bien que ces grands artifices ne doivent pas être prodigués. *Nec Deus interfit, nisi dignus vindice nodus.* Je ne voudrois pas assurément, à l'imitation d'Euripide, faire descendre Diane, à la fin de la tragédie de Phedre, ni Minerve dans l'Iphigénie en Tauride. Je ne voudrois pas, comme Shakespear, faire apparaître à Brutus son mauvais génie. Je voudrois que de telles hardiesses ne fussent employées que quand elles servent à la fois à mettre dans la piéce de l'intrigue & de la terreur : & je voudrois, sur-tout, que l'intervention de ces êtres surnaturels ne parût pas absolument nécessaire. Je m'explique : si le nœud d'un poëme tragique est tellement embrouillé, qu'on ne puisse se tirer d'embarras que par le secours d'un prodige, le spectateur sent la gêne où l'auteur s'est mis, & la faiblesse de la ressource. Il ne voit qu'un écrivain qui se tire maladroitement d'un mauvais pas. Plus d'illusion, plus d'intérêt. *Quodcunque ostendis mihi, sic incredulus odi.* Mais je suppose que l'auteur d'une tragédie se fût proposé pour but d'avertir les hommes que Dieu punit quelquefois de grands crimes par des voies extraordinaires. Je suppose que sa piéce fût conduire avec un tel art, que le spectateur attendît à tout moment l'ombre d'un prince assassiné, qui demande vengeance, sans que cette apparition fût une ressource absolument nécessaire à une intrigue embarrassée : je dis qu'alors ce prodige, bien ménagé, feroit un très-grand effet en toute langue, en tout tems & en tout pays.

Tel est, à peu près, l'artifice de la tragédie de Sémiramis, (aux beautés près, dont je n'ai pu l'orner.) On voit, dès la premiere scene, que tout doit se faire par le ministere célefte ; tout roule, d'acte en acte, fur cette idée. C'eft un Dieu vengeur, qui infpire à Sémiramis des remords qu'elle n'eût point eûs dans fes profpérités, fi les cris de Ninus même ne fuffent venus l'épouvanter au milieu de fa gloire. C'eft ce Dieu qui fe fert de ces remords mêmes qu'il lui donne, pour préparer fon châtiment ; & c'eft de-là même que réfulte l'inftruction qu'on peut tirer de la piéce. Les anciens avoient fouvent dans leurs ouvrages le but d'établir quelque grande maxime ; ainfi Sophocle finit fon Oedipe, en difant qu'il ne faut jamais apeller un homme heureux avant fa mort : ici toute la morale de la piéce eft renfermée dans ces vers :

- - - - - - Il eft donc des forfaits,
Que le couroux des Dieux ne pardonne jamais.

Maxime bien autrement importante que celle de Sophocle. Mais quelle inftruction, dira-t-on, le commun des hommes peut-il tirer d'un crime fi rare, & d'une punition plus rare encore ? j'avoue que la cataftrophe de Sémiramis n'arrivera pas fouvent ; mais ce qui arrive tous les jours fe trouve dans les derniers vers de la piéce:

- - - - - - Apprenez tous du moins,
Que les crimes fecrets ont les Dieux pour témoins.

Il y a peu de famille fur la terre où l'on ne puiffe quelquefois s'appliquer ces vers ; c'eft par-là que les fujets tragiques, les plus au-deffus des fortunes communes, ont les rapports les plus vrais avec les mœurs de tous les hommes.

Je pourois, fur-tout, appliquer à la tragédie de Sémiramis la morale par laquelle Euripide finit fon
Alcefte,

Alceste, piéce dans laquelle le merveilleux regne bien davantage. *Que les Dieux employent des moyens étonnans pour éxécuter leurs éternels décrets! Que les grands événemens qu'ils ménagent surpassent les idées des mortels!*

Enfin, MONSEIGNEUR, c'est uniquement parce que cet ouvrage respire la morale la plus pure, & même la plus sévére, que je le présente à votre Eminence. La véritable tragédie est l'école de la vertu; & la seule différence qui soit entre le théâtre épuré & les livres de morale, c'est que l'instruction se trouve dans la tragédie toute en action; c'est qu'elle y est intéressante, & qu'elle se montre relevée des charmes d'un art qui ne fut inventé autrefois que pour instruire la terre, & pour bénir le ciel, & qui, par cette raison, fut apellé le langage des Dieux. Vous qui joignez ce grand art à tant d'autres, vous me pardonnez, sans doute, le long détail où je suis entré, sur des choses qui n'avoient pas peut-être été encore tout-à-fait éclaircies, & qui le seroient, si votre Eminence daignoit me communiquer ses lumières sur l'antiquité, dont elle a une si profonde connaissance.

SEMIRAMIS,
TRAGEDIE.
29 août 1748

ACTEURS.

SÉMIRAMIS.
ARZACE, ou Ninias.
AZÉMA, Princesse du Sang de Bélus.
ASSUR, Prince du Sang de Bélus.
OROÈS, Grand-Prêtre.
OTANE, Ministre attaché à Sémiramis.
MITRANE, ami d'Arzace.
CÉDAR, attaché à Assur.
Gardes, Mages, Esclaves, Suite.

SEMIRAMIS,
TRAGEDIE.

ACTE PREMIER.

Le théâtre représente un vaste péristile au fond duquel est le palais de Sémiramis. Les jardins en terrasse sont élevés au dessus du palais, le temple des mages est à droite, & un mausolée à gauche orné d'obélisques.

SCENE PREMIERE.

ARZACE, MITRANE.

ARZACE. *Deux Esclaves portent une Cassette dans le lointain.*

Oüi, Mitrane, en secret l'ordre émané du thrône,
Remet entre tes bras, Arzace à Babylone.
Que la Reine en ces lieux brillans de sa splendeur
De son puissant génie imprime la grandeur!

Quel

Quel art a pu former ces enceintes profondes,
Où l'Euphrate égaré porte en tribut ses ondes,
Ce temple, ces jardins dans les airs soutenus,
Ce vaste mauzolée où repose Ninus ?
Eternels monumens moins admirables qu'elle,
C'est ici qu'à ses pieds Sémiramis m'apelle.
Les rois de l'Orient, loin d'elle prosternés,
N'ont point eu ces honneurs qui me sont destinés :
Je vais dans son éclat voir cette Reine heureuse.

MITRANE.

La renommée, Arzace, est souvent bien trompeuse;
Et peut-être avec moi bientôt vous gémirez,
Quand vous verrez de près ce que vous admirez.

ARZACE.

Comment ?

MITRANE.

Sémiramis à ses douleurs livrée
Sème ici les chagrins dont elle est dévorée :
L'horreur qui l'épouvante est dans tous les esprits.
Tantôt remplissant l'air de ses lugubres cris,
Tantôt morne, abbatue, égarée, interdite,
De quelque Dieu vengeur évitant la poursuite,
Elle tombe à genoux vers ces lieux rétirés,
A la nuit, au silence, à la mort consacrés,
Séjour où nul mortel n'osa jamais descendre,
Où de Ninus, mon maître, on conserve la cendre;

Elle

TRAGEDIE.

Elle approche à pas lents, l'air sombre, intimidé,
Et se frappant le sein de ses pleurs inondé.
A travers les horreurs d'un silence farouche,
Les noms de fils, d'époux échappent de sa bouche,
Elle invoque les Dieux; mais les Dieux irrités
Ont corrompu le cours de ses prospérités.

ARZACE.

Quelle est d'un tel état l'origine imprévuë !

MITRANE.

L'effet en est affreux. La cause est inconnuë.

ARZACE.

Et depuis quand les Dieux l'accablent-ils ainsi ?

MITRANE.

Du tems qu'elle ordonna que vous vinssiez ici.

ARZACE.

Moi ?

MITRANE.

Vous; ce fut, Seigneur, au milieu de ces fêtes,
Quand Babylone en feu célébroit vos conquêtes;
Lorsqu'on vit déployer ces drapeaux suspendus,
Monumens des Etats à vos armes rendus:
Lorsqu'avec tant d'éclat l'Euphrate vit paraître,
Cette jeune Azéma, la niéce de mon maître;
Ce pur sang de Bélus, & de nos souverains,
Qu'aux Scites ravisseurs ont arraché vos mains;
Ce thrône a vû flétrir sa majesté suprême,
Dans des jours de triomphe, au sein du bonheur même.

ARZACE.

ARZACE.

Azéma n'a point part à ce trouble odieux,
Un seul de ses regards adouciroit les Dieux.
Azéma d'un malheur ne peut être la cause ;
Mais de tout, cependant, Sémiramis dispose,
Son cœur en ces horreurs n'est pas toujours plongé ?

MITRANE.

De ces chagrins mortels son esprit dégagé,
Souvent reprend sa force & sa splendeur première.
J'y revois tous les traits de cette ame si fière,
A qui les plus grands Rois sur la terre adorés
Même par leurs flatteurs ne sont pas comparés ;
Mais lorsque succombant au mal qui la déchire,
Ses mains laissent flotter les rênes de l'Empire ;
Alors le fier Assur, ce Satrape insolent,
Fait gémir le palais sous son joug accablant.
Ce secret de l'Etat, cette honte du thrône,
N'ont point encor percé les murs de Babylone,
Ailleurs on nous envie, ici nous gémissons.

ARZACE.

Pour les faibles humains quelles hautes leçons !
Que partout le bonheur est mêlé d'amertume,
Qu'un trouble aussi cruel m'agite & me consume !
Privé de ce mortel dont les yeux éclairés
Auroient conduit mes pas à la Cour égarés,
Accusant le destin qui m'a ravi mon père,
En proye aux passions d'un âge téméraire,

A mes

TRAGEDIE.

A mes vœux orgueilleux sans guide abandonné,
De quels écueils nouveaux je marche environné!

MITRANE.

J'ai pleuré comme vous ce vieillard vénérable,
Phradate m'étoit cher, & sa perte m'accable;
Hélas! Ninus l'aimoit; il lui donna son fils,
Ninias notre espoir à ses mains fut remis.
Un même jour ravit & le fils & le pere;
Il s'imposa dès-lors un exil volontaire.
Mais enfin son exil a fait votre grandeur;
Elevé près de lui dans les champs de l'honneur,
Vous avez à l'Empire ajouté des provinces,
Et placé par la gloire au rang des plus grands princes,
Vous êtes devenu l'ouvrage de vos mains.

ARZACE.

Je ne sais en ces lieux quels seront mes destins.
Aux plaines d'Arbazan quelques succès peut-être,
Quelques travaux heureux, m'ont assez fait connaître;
Et quand Sémiramis aux rives de l'Oxus
Vint imposer des loix à cent peuples vaincus,
Elle laissa tomber de son char de victoire
Sur mon front jeune encor un rayon de sa gloire;
Mais souvent dans les camps un soldat honoré
Rampe à la cour des rois, & languit ignoré.

Mon pere en expirant me dit que ma fortune,
Dépendoit en ces lieux de la cause commune,

Il remit dans mes mains ces gages précieux,
Qu'il conserva toujours loin des profanes yeux;
Je dois les déposer dans les mains du Grand-Prêtre.
Lui seul doit en juger, lui seul doit les connaître,
Sur mon sort en secret je dois le consulter,
A Sémiramis même il peut me présenter.

MITRANE.

Rarement il l'approche; obscur & solitaire,
Renfermé dans les soins de son saint ministère,
Sans vaine ambition, sans crainte, sans détour,
On le voit dans son temple, & jamais à la Cour.
Il n'a point affecté l'orgueil du rang suprême,
Ni placé sa thiare auprès du diadême.
Moins il veut être grand, plus il est révéré.
Quelqu'accès m'est ouvert en ce séjour sacré;
Je puis même en secret lui parler à cette heure.
Vous le verrez ici, non loin de sa demeure,
Avant qu'un jour plus grand vienne éclairer nos yeux.

TRAGEDIE.

SCENE II.

ARZACE, *(seul.)*

Eh! quelle est donc sur moi la volonté des Dieux?
Que me réservent-ils! & d'où vient que mon pere
M'envoie en expirant aux pieds du sanctuaire?
Moi soldat, moi, nourri dans l'horreur des combats,
Moi, qu'enfin l'Amour seul entraîne sur ses pas.
Aux Dieux des Caldéens quel service ai-je à rendre?
Mais quelle voix plaintive ici se fait entendre,

(On entend des gémissemens sortir du fond du tombeau, où l'on suppose qu'ils sont entendus.)

Du fond de cette tombe, un cri lugubre, affreux,
Sur mon front palissant fait dresser mes cheveux;
De Ninus, m'a-t-on dit, l'ombre en ces lieux habite,
Les cris ont redoublé; mon ame est interdite.
Séjour sombre & sacré, manes de ce grand Roi,
Voix puissante des Dieux, que voulez-vous de moi?

SCENE III.

ARZACE, *le grand Mage* OROE'S, *suite de Mages*, MITRANE.

MITRANE, *au Mage* OROE'S.

Oui, Seigneur, en vos mains Arzace ici doit rendre
Ces monumens secrets que vous semblez attendre.

ARZACE.

Du Dieu des Caldéens, Pontife redouté;
Permettez qu'un guerrier à vos yeux préfenté,
Aporte à vos génoux la volonté dernière
D'un pere à qui mes mains ont fermé la paupière,
Vous daignâtes l'aimer.

OROE'S.

Jeune & brave mortel,
D'un Dieu qui conduit tout, le decret éternel
Vous amene à mes yeux plus que l'ordre d'un pere.
De Phradate, à jamais, la mémoire m'est chere;
Son fils me l'est encor plus que vous ne croyez.
Ces gages précieux par son ordre envoyés,
Où sont-ils?

ARZACE.

Les voici.

Les Esclaves donnent le coffre aux deux Mages, qui le posent sur un autel.

OROE'S,

TRAGEDIE.

OROE'S, *ouvrant le coffre, & se penchant avec respect & avec douleur.*

C'est donc vous que je touche,
Restes chers & sacrés! je vous vois, & ma bouche
Presse avec des sanglots ces tristes monumens,
Qui m'arrachant des pleurs attestent mes fermens:
Que l'on nous laisse seuls; allez: & vous Mitrane,
De ce secret mistere écartez tout profane:

Les Mages se retirent.

Voici ce même seau, dont Ninus autrefois
Transmit aux nations l'empreinte de ses loix:
Je la vois, cette lettre à jamais effrayante,
Que prête à se glacer traça sa main mourante;
Adorez ce bandeau, dont il fut couronné;
A venger son trépas ce fer est destiné,
Ce fer qui subjugua la Perse & la Médie,
Inutile instrument contre la perfidie,
Contre un poison trop sûr, dont les mortels apréts...

ARZACE.

Ciel! que m'apprenez-vous!

OROES.

Ces horribles secrets,
Sont encor demeurés dans une nuit profonde.
Du sein de ce sépulcre inaccessible au monde,
Les manes de Ninus, & les Dieux outragés
Ont élevé leurs voix, & ne sont point vengés.

ARZACE.

SÉMIRAMIS,

ARZACE.

Jugez de quelle horreur j'ai dû sentir l'atteinte
Ici même, & du fond de cette augufte enceinte,
D'affreux gémiffemens font vers moi parvenus.

OROES.

Ces accens de la mort font la voix de Ninus.

ARZACE.

Deux fois à mon oreille ils fe font fait entendre.

OROES.

Ils demandent vengeance.

ARZACE.

Il a droit de l'attendre ;
Mais de qui ?

OROES.

Les cruels, dont les coupables mains,
Du plus jufte des rois ont privé les humains;
Ont de leur trahifon caché la trame impie ;
Dans la nuit de la tombe elle eft enfevelie.
Aifément des mortels ils ont féduit les yeux;
Mais on ne peut tromper l'œil vigilant des Dieux,
Des plus obfcurs complots il perce les abîmes.

ARZACE.

Ah! fi ma faible main pouvoit punir ces crimes!
Je ne fai, mais l'afpect de ce fatal tombeau,
Dans mes fens étonnés porte un trouble nouveau.
Ne puis-je y confulter ce Roi qu'on y révere?

OROES.

Non, le ciel le défend ; un oracle févère

Nous

Nous interdit l'accès de ce séjour de pleurs,
Habité par la mort, & par des Dieux vengeurs.
Attendez avec moi le jour de la justice;
Il est tems qu'il arrive, & que tout s'accomplisse.
Je n'en peux dire plus; des pervers éloigné,
Je leve en paix mes mains vers le ciel indigné.
Sur ce grand intérêt, qui peut-être vous touche,
Ce ciel, quand il lui plaît, ouvre & ferme ma bouche;
J'ai dit ce que j'ai dû; tremblez qu'en ces remparts,
Une parole, un geste, un seul de vos regards,
Ne trahisse un secret que mon Dieu vous confie.
Il y va de sa gloire & du sort de l'Asie;
Il y va de vos jours; vous, Mages, approchez,
Que ces chers monumens sous l'autel soient cachés.

La grande porte du Palais s'ouvre, & se remplit de Gardes.
Assur paraît avec sa suite d'un autre côté.

Déja le Palais s'ouvre; on entre chez la Reine;
Vous voyez cet Assur, dont la grandeur hautaine
Traîne ici sur ses pas un peuple de flatteurs.
A qui, Dieu tout-puissant, donnez-vous les grandeurs!
O monstre!

ARZACE.

Quoi, Seigneur!

OROES.

Adieu. Quand la nuit sombre
Sur ces coupables murs viendra jetter son ombre,
Je pourai vous parler en présence des Dieux,
Redoutez-les, Arzace; ils ont sur vous les yeux,

SCENE IV.

ARZACE *sur le devant du théâtre avec Mitrane, qui reste auprès de lui.* ASSUR *vers un des côtés avec Cédar & sa suite.*

ARZACE.

De tout ce qu'il m'a dit, que mon ame est émue!
Quels crimes! quelle cour! & quelle est peu connue!
Quoi! Ninus, quoi! mon maître est mort empoisonné?
Et je ne vois que trop qu'Assur est soupçonné.

MITRANE, *approchant d'Arzace.*

Des Rois de Babylone, Assur tient sa naissance;
Sa fiere autorité veut de la déférence;
La Reine le ménage, on craint de l'offenser,
Et l'on peut sans rougir devant lui s'abaisser.

ARZACE.

Devant lui!

ASSUR, *dans l'enfoncement à Cédar.*

Me trompai-je, Arzace à Babylone?
Sans mon ordre! qui? lui! tant d'audace m'étonne.

ARZACE.

Quel orgueil?

ASSUR.

Aprochez; quels intérêts nouveaux,
Vous font abandonner vos camps & vos drapeaux?

Des

Des rives de l'Oxus, quel sujet vous amène?

ARZACE

Mes services, Seigneur, & l'ordre de la Reine.

ASSUR.

Quoi! la Reine vous mande?

ARZACE.

Oui.

ASSUR.

Mais savez-vous bien
Que pour avoir son ordre on demande le mien?

ARZACE.

Je l'ignorois, Seigneur, & j'aurois pensé même
Blesser, en le croyant, l'honneur du Diadême.
Pardonnez, un soldat est mauvais courtisan.
Nourri dans la Scytie, aux plaines d'Arbazan,
J'ai pu servir la cour, & non pas la connaître.

ASSUR.

L'âge, le tems, les lieux vous l'apprendront peut-être;
Mais ici, par moi seul, aux pieds du Thrône admis,
Que venez-vous chercher près de Sémiramis?

ARZACE.

J'ose lui demander le prix de mon courage,
L'honneur de la servir.

ASSUR.

Vous osez davantage:
Vous ne m'expliquez pas vos vœux présomptueux;
Je sai pour Azéma vos desseins & vos feux.

ARZACE.

ARZACE.

Je l'adore, sans doute, & son cœur où j'aspire,
Est d'un prix à mes yeux au-dessus de l'Empire:
Et mes profonds respects, mon amour…

ASSUR.

       Arrêtez.

Vous ne connaissez pas à qui vous insultez.
Qui ! vous ? associer la race d'un Sarmate
Au sang des demi-Dieux du Tigre & de l'Euphrate ?
Je veux bien par pitié vous donner un avis;
Si vous osez porter jusqu'à Sémiramis,
L'injurieux aveu que vous osez me faire,
Vous m'avez entendu, fremissez téméraire:
Mes droits impunément ne sont pas offensés.

ARZACE.

J'y cours de ce pas même, & vous m'enhardissez:
C'est l'effet que sur moi fit toujours la menace.
Quelques soient en ces lieux les droits de votre place,
Vous n'avez pas celui d'outrager un soldat,
Qui servit & la Reine, & vous-même, & l'Etat,
Je vous parais hardi, mon feu peut vous déplaire;
Mais vous me paraissez cent fois plus téméraire,
Vous qui sous votre joug prétendant m'accabler,
Vous croyez assez grand pour m'avoir fait trembler.

ASSUR.

Pour vous punir peut-être: & je vais vous apprendre,
Quel prix de tant d'audace un sujet doit attendre.

ARZACE.

Tous deux nous l'apprendrons.

          SCENE

SCENE V.

SEMIRAMIS *paraît dans le fond, appuyée sur ses femmes;*
OTANE *son confident, va au-devant d'Assur.* ASSUR,
ARZACE, MITRANE.

OTANE.

Seigneur, quittez ces lieux,
La Reine en ce moment se cache à tous les yeux;
Respectez les douleurs de son ame éperdue.
Dieux retirez la main sur sa tête étendue !

ARZACE.

Que je la plains !

ASSUR, *à l'un des siens.*

Sortons ; & sans plus consulter,
De ce trouble inoui songeons à profiter.

SEMIRAMIS, *avance sur la scene.*

OTANE, *revenant à Semiramis.*

O Reine, rappellez votre force première,
Que vos yeux sans horreur s'ouvrent à la lumière.

SEMIRAMIS.

O voiles de la mort, quand viendrez-vous couvrir
Mes yeux remplis de pleurs, & lassés de s'ouvrir ?

Elle marche éperdue sur la scene, croyant voir l'ombre de Ninus.

Abîmes fermez-vous; fantôme horrible arrête;
Frape, ou cesse à la fin de menacer ma tête;

Arzace

Arzace est-il venu ?

OTANE.

Madame, en cette cour,
Arzace auprès du temple a devancé le jour.

SEMIRAMIS.

Cette voix formidable, infernale, ou céleste,
Qui dans l'ombre des nuits pousse un cri si funeste,
M'avertit que le jour qu'Arzace doit venir,
Mes douloureux tourmens seront prêts à finir.

OTANE.

Au sein de ces horreurs goutez donc quelque joie,
Espérez dans ces Dieux, dont le bras se déploye.

SEMIRAMIS.

Arzace est dans ma cour! .. ah! je sens qu'à son nom,
L'horreur de mon forfait trouble moins ma raison.

OTANE.

Perdez-en pour jamais l'importune mémoire;
Que de Sémiramis les beaux jours pleins de gloire
Effacent ce moment heureux ou malheureux,
Qui d'un fatal Hymen brisa le joug affreux.
Ninus en vous chassant de son lit & du Thrône,
En vous perdant, Madame, eut perdu Babylone.
Pour le bien des mortels vous prévintes ses coups,
Babylone & la terre avoient besoin de vous;
Et quinze ans de vertus & de travaux utiles,
Les arides déserts par vous rendus fertiles,

Les

TRAGEDIE.

Les sauvages humains soumis au frein des loix,
Les arts dans nos cités naissans à votre voix,
Ces hardis monumens que l'univers admire,
Les acclamations de ce puissant Empire,
Sont autant de témoins, dont le cri glorieux
A déposé pour vous au tribunal des Dieux.
Enfin, si leur justice emportoit la balance,
Si la mort de Ninus excitoit leur vengeance,
D'où vient qu'Assur ici brave en paix leur courroux?
Assur fut en effet plus coupable que vous;
Sa main, qui prépara le breuvage homicide,
Ne tremble point pourtant, & rien ne l'intimide.

SÉMIRAMIS.

Nos destins, nos devoirs étoient trop différens;
Plus des nœuds sont sacrés; plus les crimes sont grands.
J'étois épouse, Otane, & je suis sans excuse;
Devant les Dieux vengeurs mon désespoir m'accuse.
J'avois cru que ces Dieux justement offensés,
En m'arrachant mon fils, m'avoient punie assez;
Que tant d'heureux travaux rendoient mon diadême,
Ainsi qu'au monde entier, respectable au ciel même.
Mais depuis quelques mois ce spectre furieux
Vient affliger mon cœur, mon oreille, mes yeux;
Je me traîne à la tombe où je ne puis descendre,
J'y révère de loin cette fatale cendre;
Je l'invoque en tremblant: des sons, des cris affreux,
De longs gémissemens répondent à mes vœux.

D'un

D'un grand événement je me vois avertie,
Et peut-être il est tems que le crime s'expie.

OTANE.
Mais est-il assuré que ce spectre fatal
Soit en effet sorti du séjour infernal ?
Souvent de ses erreurs notre ame est obsédée,
De son ouvrage même elle est intimidée,
Croit voir ce qu'elle craint, & dans l'horreur des nuits
Voit enfin les objets qu'elle même a produits.

SEMIRAMIS.
Je l'ai vû; ce n'est point une erreur passagère
Qu'enfante du sommeil la vapeur mensongère;
Le sommeil à mes yeux refusant ses douceurs,
N'a point sur mes esprits répandu ses erreurs.
Je veillois, je pensois au sort qui me menace,
Lorsqu'au bord de mon lit j'entens nommer Arzace.
Ce nom me rassuroit; tu sais quel est mon cœur.
Assur, depuis un tems l'a pénétré d'horreur.
Je frémis quand il faut ménager mon complice;
Rougir devant ses yeux est mon premier supplice;
Et je déteste en lui cet avantage affreux
Que lui donne un forfait qui nous unit tous deux.
Je voudrois... mais faut-il dans l'état qui m'opprime,
Par un crime nouveau punir sur lui mon crime!
Je demandois Arzace, afin de l'opposer
Au complice odieux qui pense m'imposer;

Je

Je m'occupois d'Arzace, & j'étois moins troublée.
 Dans ces momens de paix qui m'avoient confolée,
Ce miniftre de mort a reparu foudain,
Tout dégoutant de fang & le glaive à la main:
Je crois le voir encor, je crois encor l'entendre.
Vient-il pour me punir, vient-il pour me défendre?
Arzace au moment même arrivoit dans ma cour,
Le ciel à mon repos a réfervé ce jour;
Cependant toute en proie au trouble qui me tue,
La paix ne rentre point dans mon ame abatue.
Je paffe à tout moment de l'efpoir à l'effroi,
Le fardeau de la vie eft trop pefant pour moi.
Mon thrône m'importune, & ma gloire paffée
N'eft qu'un nouveau tourment de ma trifte penfée.
 J'ai nourri mes chagrins fans les manifefter;
Ma peur m'a fait rougir. J'ai craint de confulter
Ce Mage révéré que chérit Babylone,
D'avilir devant lui la majefté du Thrône,
De montrer une fois en préfence du ciel,
Sémiramis tremblante aux regards d'un mortel.
Mais j'ai fait en fecret, moins fiere ou plus hardie,
Confulter Jupiter aux fables de Libie,
Comme fi loin de nous, le Dieu de l'univers
N'eût mis la vérité qu'au fonds de ces déferts!
Le Dieu qui s'eft caché dans cette fombre enceinte
A reçu dès long tems mon hommage & ma crainte;
J'ai comblé fes autels & de dons & d'encens.
Répare-t-on le crime, hélas, par des préfens?
De Memphis aujourd'hui j'attens une réponfe.

SCENE

SCENE VI.

SEMIRAMIS, OTANE, MITRANE.

MITRANE.

Aux portes du Palais, en secret on annonce,
Un prêtre de l'Egypte, arrivé de Memphis.

SEMIRAMIS.

Je verrai donc mes maux ou comblés ou finis.
Allons, cachons sur-tout au reste de l'Empire,
Le trouble humiliant dont l'horreur me déchire,
Et qu'Arzace à l'inftant à mon ordre rendu,
Puiſſe aporter le calme à ce cœur éperdu.

Fin du premier Acte.

ACTE II.

SCENE I.

ARZACE, AZEMA.

AZEMA.

Arzace écoutez-moi; cet Empire indompté
Vous doit son nouveau lustre, & moi ma liberté.
Quand les Scites vaincus réparant leurs défaites,
S'élancèrent sur nous de leurs vastes retraites,
Quand mon père en tombant me laissa dans leurs fers;
Vous seul portant la foudre au fonds de leurs déserts,
Brisâtes mes liens, remplites ma vengeance.
Je vous dois tout. Mon cœur en est la récompense:
Je ne serai qu'à vous; mais notre amour nous perd.
Votre cœur généreux trop simple & trop ouvert,
A cru qu'en cette Cour ainsi qu'en votre armée,
Suivi de vos exploits & de la renommée,
Vous pouviez déployer, sincere impunément,
La fierté d'un héros & le cœur d'un amant.
Vous outragez Assur, vous devez le connaître,
Vous ne pouvez le perdre, il menace, il est maître;
Il abuse en ces lieux de son pouvoir fatal;
Il est inexorable . . . il est votre rival.

ARZACE.
Il vous aime! qui! lui?

AZEMA.
Ce cœur fombre & farouche,
Qui hait toute vertu, qu'aucun charme ne touche,
Ambitieux, efclave, & tiran tour à tour,
S'eft-il flatté de plaire, & connaît-il l'amour?
Des Rois Affyriens comme lui defcenduë,
Et plus près de ce Thrône, où je fuis attenduë,
Il penfe en m'immolant à fes fecrets deffeins,
Appuyer de mes droits, fes droits trop incertains.
Pour moi fi Ninias, à qui dès fa naiffance,
Ninus m'avoit donnée aux jours de mon enfance,
Si l'Héritier du Scéptre à moi feule promis,
Voyoit encor le jour près de Sémiramis,
S'il me donnoit fon cœur, avec le rang fuprême,
J'en attefte l'amour, j'en jure par vous-même,
Ninias me verroit préférer aujourd'hui
Un éxil avec vous, à ce Thrône avec lui.
Les campagnes du Scite, & fes climats ftériles,
Pleins de votre grand nom, font d'affez doux aziles.
Le fein de ces deferts, où nâquit notre amour,
Eft pour moi Babylone, & deviendra ma cour.
Peut-être l'ennemi, que cet amour outrage,
A ce doux châtiment ne borne point fa rage.
J'ai démêlé fon ame, & j'en vois la noirceur;
Le crime, où je me trompe, étonne peu fon cœur.

Votre

Votre gloire déja lui fait assez d'ombrage;
Il vous craint, il vous hait.

ARZACE.

Je le hais davantage;
Mais je ne le crains pas, étant aimé de vous.
Conservez vos bontés, je brave son couroux.
La Reine entre nous deux tient au moins la balance,
Je me suis vû d'abord admis en sa préfence.
Elle m'a fait sentir, à ce premier accueil,
Autant d'humanité, qu'Assur avoit d'orgueil;
Et relevant mon front, prosterné vers son Thrône,
M'a vingt fois appellé l'appui de Babylone.
Je m'entendois flatter, de cette augufte voix,
Dont tant de Souverains ont adoré les loix;
Je la voyois franchir cet immense intervalle,
Qu'a mis entre elle & moi, la majefté royale.
Que j'en étois touché, quelle étoit à mes yeux
La mortelle après vous, la plus semblable aux Dieux!

AZEMA.

Si la Reine est pour nous, Assur en vain menace,
Je ne crains rien.

ARZACE.

J'allois plein d'une noble audace
Mettre à ses pieds mes vœux jusqu'à vous élevés,
Qui révoltent Assur, & que vous approuvez.
Un prêtre de l'Egypte approche au moment même,
Des oracles d'Ammon, portant l'ordre suprême.

D 2   Elle

Elle ouvre le billet d'une tremblante main,
Fixe les yeux fur moi, les détourne foudain,
Laiffe couler des pleurs, interdite, éperdue,
Me regarde, foupire, & s'échape à ma vûe.
On dit qu'au défefpoir fon grand cœur eft réduit,
Que la terreur l'accable, & qu'un Dieu la pourfuit.
Je m'attendris fur elle; & je ne puis comprendre,
Qu'après plus de quinze ans, foigneux de la défendre,
Le Ciel la perfécute & paraiffe outragé.
Qu'a-t-elle fait aux Dieux, d'où vient qu'ils ont changé?

AZEMA.

On ne parle en effet que d'augures funeftes;
De manes en couroux, de vengeances céleftes.
Sémiramis troublée a femblé quelques jours,
Des foins de fon Empire abandonner le cours:
Et j'ai tremblé qu'Affur en ces jours de trifteffe,
Du Palais effrayé n'accablât la faibleffe.
Mais la Reine a paru; tout s'eft calmé foudain,
Tout a fenti le poids du pouvoir fouverain.
Si déja de la Cour mes yeux ont quelque ufage,
La Reine hait Affur, l'obferve, le ménage:
Ils fe craignent l'un l'autre, & tout prêts d'éclater,
Quelque intérêt fecret femble les arrêter.
J'ai vû Sémiramis à fon nom courroucée;
La rougeur de fon front trahiffoit fa penfée,
Son cœur paraiffoit plein d'un long reffentiment;
Mais fouvent à la Cour tout change en un moment.

Retour-

TRAGEDIE. 53

Retournez & parlez.
ARZACE.
J'obéis. Mais j'ignore,
Si je puis à son thrône être introduit encore.
AZEMA.
Ma voix secondera mes vœux & votre espoir,
Je fais de vous aimer ma gloire & mon devoir.
Que de Sémiramis on adore l'Empire,
Que l'Orient vaincu la respecte & l'admire,
Dans mon triomphe heureux j'envierai peu les siens.
Le monde est à ses pieds, mais Arzace est aux miens.
Allez. Assur paraît.
ARZACE.
Qui! ce traitre! à sa vûe,
D'une invincible horreur je sens mon ame émue.

SCENE II.
ASSUR, ARZACE, AZEMA.

ASSUR, *à Arzace*.

Un accueil que des rois ont vainement brigué,
Quand vous avez paru, vous est donc prodigué;
Vous avez en secret entretenu la Reine;
Mais vous a-t-elle dit que votre audace vaine
Est un outrage au Thrône, à mon honneur, au sien;
Que le sort d'Azéma ne peut s'unir qu'au mien;

D 3 Qu'à

Qu'à Ninias jadis Azéma fut donnée;
Qu'aux seuls enfans des rois sa main est destinée;
Que du fils de Ninus le droit m'est assuré;
Qu'entre le Throne & moi, je ne vois qu'un degré?
La Reine a-t-elle enfin daigné du moins vous dire,
Dans quel piège en ces lieux votre orgueil vous attire;
Et que tous vos respects ne pourront effacer
Les téméraires vœux qui m'osoient offenser?

ARZACE.

Instruit à respecter le sang qui vous fit naître,
Sans redouter en vous l'autorité d'un maître,
Je fais ce qu'on vous doit, surtout en ces climats,
Et je m'en souviendrois si vous n'en parliez pas.
Vos ayeux, dont Bélus a fondé la noblesse,
Sont votre premier droit au cœur de la Princesse.
Vos intérêts présens, le soin de l'avenir,
Le besoin de l'Etat, tout semble vous unir.
Moi, contre tant de droits qu'il me faut reconnaître,
J'ose en opposer un qui les vaut tous peut-être;
J'aime; & j'ajouterois, Seigneur, que mon secours
A vengé ses malheurs, a défendu ses jours,
A soutenu ce Throne où son destin l'appelle,
Si j'osois comme vous, me vanter devant elle.
Je vais remplir son ordre à mon zèle commis:
Je n'en reçois que d'elle & de Sémiramis.
L'Etat peut quelque jour être en votre puissance;
Le Ciel donne souvent des rois dans sa vengeance:

Mais

Mais il vous trompe au moins dans l'un de vos projets,
Si vous comptez Arzace au rang de vos sujets.
ASSUR.
Tu combles la mesure, & tu cours à ta perte.

SCENE III.
ASSUR, AZEMA.

ASSUR.
Madame, son audace est trop long-tems soufferte.
Mais puis-je en liberté m'expliquer avec vous
Sur un sujet plus noble & plus digne de nous?
AZEMA.
En est-il? mais parlez.
ASSUR.
     Bientôt l'Asie entière
Sous vos pas & les miens, ouvre une autre carrière:
Les faibles intérêts doivent peu nous frapper;
L'univers nous appelle & va nous occuper.
Sémiramis n'est plus que l'ombre d'elle-même,
Le Ciel semble abaisser cette grandeur suprème;
Cet astre si brillant, si long-tems respecté,
Penche vers son déclin sans force & sans clarté.
On le voit, on murmure, & déja Babylone
Demande à haute voix un Héritier du Throne.

Ce mot en dit assez; vous connaissez mes droits,
Ce n'est point à l'amour à nous donner des rois.
Non qu'à tant de beautés mon ame inacceffible,
Se fasse une vertu de paraître infenfible;
Mais pour vous & pour moi, j'aurois trop à rougir,
Si le fort de l'Etat dépendoit d'un soupir.
Un sentiment plus digne, & de l'un & de l'autre,
Doit gouverner mon fort & commander au votre;
Vos ayeux font les miens, & nous les trahissons,
Nous perdons l'univers si nous nous divisons.
Je peux vous étonner; cet austère langage
Effarouche aifément les graces de votre âge;
Mais je parle aux héros, aux Rois dont vous fortez,
A tous ces demi-Dieux que vous repréfentez.
Long-tems foulant aux pieds leur grandeur & leur cendre,
Usurpant un pouvoir où nous devons prétendre,
Donnant aux nations, ou des loix ou des fers,
Une femme impofa filence à l'univers.
De fa grandeur qui tombe affermissez l'ouvrage;
Elle eut votre beauté, poffédez fon courage,
L'amour à vos genoux ne doit fe préfenter,
Que pour vous rendre un Sceptre, & non pour vous l'ôter.
C'est ma main qui vous l'offre; & du moins je me flate,
Que vous n'immolez pas à l'amour d'un Sarmate,
La majefté d'un nom qu'il vous faut refpecter,
Et le Thrône du monde où vous devez monter.

AZEMA.

AZEMA.

Repofez-vous fur moi fans infulter Arzace,
Du foin de maintenir la fplendeur de ma race.
Je défendrai, furtout quand il en fera tems,
Les droits que m'ont tranfmis les Rois dont je defcends.
Je connais nos ayeux; mais après tout j'ignore,
Si parmi ces héros que l'Affyrie adore,
Il en eft un plus grand, plus chéri des humains,
Que ce même Sarmate objet de vos dédains.
Aux vertus, croyez-moi, rendez plus de juftice;
Pour moi quand il faudra que l'Hymen m'afferviffe,
C'eft à Sémiramis à faire mes deftins,
Et j'attendrai, Seigneur, un maître de fes mains.
J'écoute peu ces bruits que le peuple répete,
Echos tumultueux, d'une voix plus fecrete;
J'ignore fi vos Chefs, aux révoltes pouffés,
De fervir une femme, en fecret font laffés.
Je les vois à fes pieds baiffer leur tête altière;
Ils peuvent murmurer, mais c'eft dans la pouffière.
Les Dieux, dit-on, fur elle ont étendu leurs bras.
J'ignore fon offenfe, & je ne penfe pas,
Si le Ciel a parlé, Seigneur, qu'il vous choififfe,
Pour annoncer fon ordre & fervir fa juftice.
Elle régne en un mot. Et vous qui gouvernez,
Vous prenez à fes pieds les loix que vous donnez;
Je ne connais ici que fon pouvoir fuprême,
Ma gloire eft d'obéir, obéiffez de même.

SCENE IV.

ASSUR, CEDAR.

ASSUR.

Obéir! ah! ce mot fait trop rougir mon front;
J'en ai trop dévoré l'infuportable affront.
Parle, as-tu réuffi? ces femences de haine,
Que nos foins en fecret cultivoient avec peine,
Pourront-elles porter, au gré de ma fureur,
Les fruits que j'en attends de difcorde & d'horreur?

CEDAR.

J'ofe efpérer beaucoup. Le peuple enfin commence
A fortir du refpect & de ce long filence,
Où le nom, les exploits, l'art de Sémiramis
Ont enchaîné les cœurs étonnés & foumis.
On veut un fucceffeur au Thrône d'Affyrie;
Et quiconque, Seigneur, aime encor la patrie,
Ou qui gagné par moi fe vante de l'aimer,
Dit qu'il nous faut un maître, & qu'il faut vous nommer.

ASSUR.

Chagrins toujours cuifants! honte toujours nouvelle!
Quoi! ma gloire, mon rang, mon deftin dépend d'elle!
Quoi! j'aurai fait mourir & Ninus & fon fils,
Pour ramper le premier devant Sémiramis,
Pour languir dans l'éclat d'une illuftre difgrace,

Près du Thrône du monde à la seconde place!
La Reine se bornoit à la mort d'un Epoux;
Mais j'étendis plus loin ma fureur & mes coups:
Ninias en secret privé de la lumière,
Du Thrône où j'aspirois, m'entrouvroit la barrière,
Quand sa puissante main la ferma sous mes pas.
C'est en vain que flatant l'orgueil de ses appas,
J'avois cru chaque jour prendre sur sa jeunesse
Cet heureux ascendant que les soins, la souplesse,
L'attention, le tems, savent si bien donner
Sur un cœur sans dessein, facile à gouverner;
Je connus mal cette ame infléxible & profonde;
Rien ne la pût toucher que l'Empire du monde.
Elle en parût trop digne; il le faut avouer:
Je suis dans mes fureurs contraint à la louer.
Je la vis retenir dans ses mains assurées,
De l'Etat chancelant, les rênes égarées,
Appaiser le murmure, étouffer les complots,
Gouverner en monarque, & combattre en héros.
Je la vis captiver & le peuple & l'armée;
Ce grand art d'imposer même à la renommée,
Fut l'art qui sous son joug enchaîna les esprits;
L'univers à ses pieds demeure encor surpris.
Que dis-je? sa beauté, ce flateur avantage,
Fit adorer les loix qu'imposa son courage;
Et quand dans mon dépit j'ai voulu conspirer,
Mes amis consternés n'ont su que l'admirer.

Mais

Mais le charme est rompu, ce grand pouvoir chancelle,
Son génie égaré semble s'éloigner d'elle.
Un vain remords la trouble, & sa crédulité
A depuis quelques tems en secret consulté,
Ces oracles menteurs d'un temple méprisable,
Que les fourbes d'Egypte ont rendu vénérable.
Son encens & ses vœux fatiguent les autels;
Elle devient semblable au reste des mortels;
Elle a connu la crainte; & j'ai vû sa faiblesse.
Je ne puis m'élever, qu'autant qu'elle s'abaisse:
De Babylone au moins, j'ai fait parler la voix.
Sémiramis enfin, va céder une fois.
Ce premier coup porté, sa ruine est certaine.
Me donner Azéma, c'est cesser d'être Reine;
Oser me refuser, soulève ses Etats;
Et de tous les côtés le piége est sous ses pas.
Mais peut-être après tout, quand je crois la surprendre,
J'ai lassé ma fortune à force de l'attendre.

CEDAR.

Si la Reine vous cède & nomme un Héritier,
Assur de son destin peut-il se défier?
De vous & d'Azéma, l'union desirée
Rejoindra de nos Rois la tige séparée.
Tout vous porte à l'Empire, & tout parle pour vous.

ASSUR.

Pour Azéma, sans doute, il n'est point d'autre époux.

Mais

Mais pourquoi de si loin faire venir Arzace?
Elle a favorisé son insolente audace.
Tout prêt à le punir je me vois retenu
Par cette même main dont il est soutenu.
Prince, mais sans sujets, Ministre, & sans puissance,
Environné d'honneurs, & dans la dépendance,
Tout m'afflige, une amante, un jeune audacieux,
Des prêtres consultés, qui font parler leurs Dieux.
Sémiramis enfin toujours en défiance,
Qui me ménage à peine, & qui craint ma présence!
Nous verrons si l'ingrate, avec impunité,
Ose pousser à bout un complice irrité.
Il veut sortir.

SCENE V.
ASSUR, OTANE, CEDAR.

OTANE.

Seigneur, Sémiramis vous ordonne d'attendre,
Elle veut en secret vous voir & vous entendre,
Et de cet entretien qu'aucun ne soit témoin.

ASSUR.

A ses ordres sacrés j'obéis avec soin,
Otane, & j'attendrai sa volonté suprême.

SCENE VI.

ASSUR, CEDAR.

ASSUR.

Eh! d'où peut donc venir ce changement extrême ?
Depuis près de trois mois, je lui semble odieux;
Mon aspect importun lui fait baisser les yeux;
Toujours quelque témoin nous voit & nous écoute;
De nos froids entretiens, qui lui pesent sans doute,
Ses soudaines frayeurs interrompent le cours,
Son silence souvent répond à mes discours;
Que veut-elle me dire ! ou que veut-elle apprendre ?
Elle avance vers nous; c'est elle. Va m'attendre.

SCENE VII.

SEMIRAMIS, ASSUR.

SEMIRAMIS.

Seigneur, il faut enfin que je vous ouvre un cœur,
Qui long-tems devant vous dévora sa douleur.
J'ai gouverné l'Asie & peut-être avec gloire;
Peut-être Babylone, honorant ma mémoire,
Mettra Sémiramis à côté des grands Rois.
Vos mains de mon empire ont soutenu le poids,

Par tout victorieufe, abfolue, adorée,
De l'encens des humains je vivois enivrée:
Tranquille, j'oubliai, fans crainte & fans ennuis,
Quel dégré m'éleva dans ce rang où je fuis.
Des Dieux dans mon bonheur j'oubliai la juftice.
Elle parle, je cède, & ce grand édifice,
Que je crus à l'abri des outrages du tems,
Veut être rafermi jufqu'en fes fondemens.

ASSUR.

Madame, c'eft à vous d'achever votre ouvrage,
De commander au tems, de prévoir fon outrage.
Qui pourroit obfcurcir des jours fi glorieux?
Quand la terre obéit, que craignez-vous des Dieux?

SEMIRAMIS.

La cendre de Ninus repofe en cette enceinte;
Et vous me demandez le fujet de ma crainte?
Vous!

ASSUR.

Je vous avouerai que je fuis indigné,
Qu'on fe fouvienne encor, fi Ninus a regné.
Craint-on après quinze ans fes manes en colère!
Ils fe feroient vengés, s'ils avoient pû le faire.
D'un éternel oubli ne tirez point les morts.
Je fuis épouvanté, mais c'eft de vos remords.
Ah! ne confultez point d'oracles inutiles:
C'eft par la fermeté qu'on rend les Dieux faciles.

Ce fantôme inouï, qui paraît en ce jour,
Qui nâquit de la crainte, & l'enfante à son tour,
Peut-il vous effrayer par tous ses vains préstiges?
Pour qui ne les craint point, il n'est point de prodiges :
Ils sont l'appas grossier des peuples ignorans,
L'invention du fourbe, & le mépris des grands.
Mais si quelque intérêt, plus noble & plus solide,
Eclaire votre esprit qu'un vain trouble intimide,
S'il vous faut de Bélus éterniser le sang,
Si la jeune Azéma prétend à ce haut rang.

SEMIRAMIS.

Je viens vous en parler. Ammon & Babylone
Demandent sans détour un Héritier du Thrône.
Il faut que de mon Sceptre on partage le faix,
Et le peuple & les Dieux vont être satisfaits.
Vous le savez assez, mon superbe courage
S'étoit fait une loi de régner sans partage :
Je tins sur mon Hymen l'univers en suspens;
Et quand la voix du peuple, à la fleur de mes ans,
Cette voix qu'aujourd'hui le Ciel même seconde,
Me pressoit de donner des Souverains au monde;
Si quelqu'un pût prétendre au nom de mon Epoux,
Cet honneur, je le sais, n'appartenoit qu'à vous.
Vous deviez l'espérer; mais vous pûtes connaître
Combien Sémiramis craignoit d'avoir un maître;
Je vous fis, sans former un lien si fatal,
Le second de la terre, & non pas mon égal,

C'étoit

C'étoit assez, Seigneur, & j'ai l'orgueil de croire
Que ce rang auroit pû suffire à votre gloire.
Le Ciel me parle enfin, j'obéis à sa voix;
Ecoutez son oracle, & recevez mes loix.
„Babylone doit prendre une face nouvelle,
„Quand d'un second Hymen allumant le flambeau,
„Mere trop malheureuse, Epouse trop cruelle,
„Tu calmeras Ninus au fond de son tombeau.
C'est ainsi que des Dieux l'ordre éternel s'explique.
Je connais vos desseins & votre politique,
Vous voulez dans l'Etat vous former un parti;
Vous m'opposez le sang dont vous êtes sorti;
De vous & d'Azéma mon successeur peut naître;
Vous briguez cet Hymen, elle y prétend peut-être.
Mais moi, je ne veux pas que vos droits & les siens,
Ensemble confondus, s'arment contre les miens;
Telle est ma volonté, constante, irrévocable.
C'est à vous de juger si le Dieu qui m'accable
A laissé quelque force à mes sens interdits,
Si vous reconnaissez encor Sémiramis,
Si je peux soutenir la majesté du Thrône.
Je vais donner, Seigneur, un maître à Babylone;
Mais soit qu'un si grand choix honore un autre ou vous,
Je serai Souveraine en prenant un Epoux.
Assemblez seulement les Princes & les Mages,
Qu'ils viennent à ma voix joindre ici leurs suffrages;

Le don de mon Empire & de ma liberté
Eſt l'acte le plus grand de mon autorité.
Loin de le prévenir qu'on l'attehde en ſilence.
Le Ciel à ce grand jour attache ſa clémence;
Tout m'annonce des Dieux qui daignent ſe calmer,
Mais c'eſt le repentir qui doit les déſarmer;
Croyez-moi, les remords, à vos yeux mépriſables,
Sont la ſeule vertu qui reſte à des coupables;
Je vous parais timide & faible, déſormais
Connaiſſez la faibleſſe, elle eſt dans les forfaits;
Cette crainte n'eſt pas honteuſe au Diadême,
Elle convient aux Rois, & ſur-tout à vous-même;
Et je vous apprendrai qu'on peut ſans s'avilir
S'abaiſſer ſous les Dieux, les craindre & les ſervir.

SCENE VIII.

ASSUR ſeul.

Quels diſcours étonnans! quels projets! quel langage!
Eſt-ce crainte, artifice, ou faibleſſe, ou courage?
Prétend-elle en cédant raffermir ſes deſtins;
Et s'unit-elle à moi pour tromper mes deſſeins?
A l'Hymen d'Azéma je ne dois point prétendre!
C'eſt m'aſſurer du ſien que je dois ſeul attendre.

Ce que n'ont pû mes soins & nos communs forfaits,
L'hommage dont jadis je flattai ses attraits,
Mes brigués, mon dépit, la crainte de sa chute,
Un oracle d'Egypte, un songe l'éxécute?
Quel pouvoir inconnu gouverne les humains!
Que de faibles ressorts font d'illustres destins!
Doutons encor de tout, voyons encor la Reine,
Sa résolution me paraît trop-soudaine,
Trop de soins, à mes yeux, paraissent l'occuper,
Et qui change aisément, est faible, ou veut tromper.

Fin du second Acte.

ACTE III.

SCENE I.

SEMIRAMIS, OTANE.

Le théâtre repréſente un cabinet du Palais.

SEMIRAMIS.

Otane, qui l'eût crû, que les Dieux en colere,
Me tendoient en effet une main ſalutaire;
Qu'ils ne m'épouvantoient que pour ſe déſarmer?
Ils ont ouvert l'abîme & l'ont daigné fermer,
C'eſt la foudre à la main qu'ils m'ont donné ma grace,
Ils ont changé mon ſort; ils ont conduit Arzace;
Ils veulent mon Hymen; ils veulent expier
Par ce lien nouveau, les crimes du premier.
Non, je ne doute plus que des cœurs ils diſpoſent:
Le mien vole au-devant de la loi qu'ils m'impoſent.
Arzace! c'en eſt fait, je me rends, & je voi
Que tu devois régner ſur le monde & ſur moi.

OTANE.

Arzace! Lui?

SEMIRAMIS.

Tu ſais qu'aux plaines de Scitie,
Quand je vangeois la Perſe, & ſubjuguois l'Aſie,

Ce héros, (sous son pere il combattoit alors)
Ce héros entouré de captifs & de morts,
M'offrit, en rougissant, de ses mains triomphantes,
Des ennemis vaincus les dépouilles sanglantes;
A son premier aspect tout mon cœur étonné
Par un pouvoir secret se sentit entraîné;
Je n'en pus affaiblir le charme inconcevable;
Le reste des mortels me sembla méprisable;
Assur qui m'observoit ne fut que trop jaloux:
Dès lors le nom d'Arzace aigrissoit son courroux:
Mais l'image d'Arzace occupa ma pensée,
Avant que de nos Dieux la main me l'eût tracée,
Avant que cette voix qui commande à mon cœur,
Me désignât Arzace, & nommât mon vainqueur.

OTANE.

C'est beaucoup abaisser ce superbe courage
Qui des maîtres du Gange a dédaigné l'hommage,
Qui n'écoutant jamais de faibles sentimens,
Veut des Rois pour sujets, & non pas pour amans.
Vous avez méprisé jusqu'à la beauté même,
Dont l'Empire accroissoit votre Empire suprême:
Et vos yeux sur la terre exerçoient leur pouvoir,
Sans que vous daignassiez vous en apercevoir.
Quoi, de l'amour enfin connaissez-vous les charmes,
Et pouvez-vous passer de ces sombres allarmes
Au tendre sentiment qui vous parle aujourd'hui?

SEMIRAMIS.

Non, ce n'est point l'amour qui m'entraîne vers lui:

Mon ame par les yeux ne peut être vaincue.
Ne crois pas qu'à ce point de mon rang descendue,
Ecoutant dans mon trouble un charme suborneur,
Je donne à la beauté le prix de la valeur;
Je crois sentir du moins de plus nobles tendresses.
Malheureuse! est-ce à moi d'éprouver des faiblesses!
De connaître l'amour & ses fatales loix!
Otane, que veux-tu: je fus mere autrefois;
Mes malheureuses mains à peine cultiverent
Ce fruit d'un triste Hymen que les Dieux m'enleverent.
Seule en proie aux chagrins qui venoient m'allarmer,
N'ayant autour de moi, rien que je pusse aimer,
Sentant ce vuide affreux de ma grandeur suprême,
M'arrachant à ma cour & m'évitant moi-même,
J'ai cherché le repos dans ces grands monumens,
D'une ame qui se fuit trompeurs amusemens.
Le repos m'échappoit, je sens que je le trouve;
Je m'étonne en secret du charme que j'éprouve,
Arzace me tient lieu d'un Epoux & d'un fils,
Et de tous mes travaux & du monde soumis,
Que je vous dois d'encens, ô puissance céleste,
Qui me forçant de prendre un joug jadis funeste,
Me préparez au nœud que j'avois abhorré
En m'embrasant d'un feu par vous-même inspiré!

OTANE.

Mais vous avez prévû la douleur & la rage,
Dont va frémir Assur à ce nouvel ouvrage.

Car

Car enfin il se flate, & la commune voix
A fait tomber sur lui l'honneur de votre choix;
Il ne bornera pas son dépit à se plaindre.

SEMIRAMIS.

Je ne l'ai point trompé, je ne veux pas le craindre;
J'ai sû quinze ans entiers, quelque fût son projet,
Le tenir dans le rang de mon premier sujet;
A son ambition, pour moi toujours suspecte,
Je prescrivis quinze ans les bornes qu'il respecte.
Je régnois seule alors, & si ma faible main
Mit à ses vœux hardis ce redoutable frein,
Que pourront désormais sa brigue & son audace,
Contre Sémiramis unie avec Arzace?
Oui, je crois que Ninus content de mes remords,
Pour presser cet Hymen quitte le sein des morts.
Sa grande ombre, en effet, déja trop offensée,
Contre Sémiramis seroit trop courroucée;
Elle verroit donner avec trop de douleur,
Sa Couronne & son lit à son empoisonneur;
Du sein de son tombeau voila ce qui l'apelle;
Les oracles d'Ammon s'accordent avec elle;
La vertu d'Oroès ne me fait plus trembler;
Pour entendre mes loix je l'ai fait apeller,
Je l'attends.

OTANE.

Son crédit, son sacré caractère,
Peut appuyer le choix que vous prétendez faire.

SEMIRAMIS.
Sa voix achevera de rassurer mon cœur.
OTANE.
Il vient.

SCENE II.
SEMIRAMIS, OROES.

SEMIRAMIS.

De Zoroastre auguste successeur,
Je vais nommer un Roi, vous couronnez sa tête,
Tout est-il préparé pour cette auguste fête?
OROES.
Les Mages & les Grands attendent votre choix;
Je remplis mon devoir & j'obéis aux Rois;
Le soin de les juger n'est point notre partage,
C'est celui des Dieux seuls.
SEMIRAMIS.
A ce sombre langage,
On diroit qu'en secret vous condamnez mes vœux.
OROES.
Je ne les connais pas; puissent-ils être heureux.
SEMIRAMIS.
Mais vous interprétez les volontés célestes.
Ces signes que j'ai vûs me seroient-ils funestes?

Une

Une ombre, un Dieu peut-être, à mes yeux s'est montré,
Dans le sein de la terre il est soudain rentré.
Quel pouvoir a brisé l'éternelle barrière
Dont le Ciel sépara l'enfer & la lumière?
D'où vient que les humains malgré l'arrêt du sort,
Reviennent à mes yeux du séjour de la mort?

OROES.

Du Ciel quand il le faut la justice suprême,
Suspend l'ordre éternel établi par lui-même;
Il permet à la mort d'interrompre ses loix
Pour l'effroi de la terre & l'exemple des Rois.

SEMIRAMIS.

Les oracles d'Ammon veulent un sacrifice.

OROES.

Il se fera, Madame.

SEMIRAMIS.

      Eternelle justice,
Qui lisez dans mon ame avec des yeux vengeurs,
Ne la remplissez plus de nouvelles horreurs,
De mon premier Hymen oubliez l'infortune!

à Oroès qui s'éloignoit.

Revenez.

OROES, *revenant.*

Je croyois ma présence importune.

SEMIRAMIS.

Répondez; ce matin aux pieds de vos autels,
Arzace a présenté des dons aux immortels?

OROES.

OROE'S.

Oui, ces dons leur font chers, Arzace a fû leur plaire,

SEMIRAMIS.

Je le crois; & ce mot me raſſure & m'éclaire,
Puis-je d'un ſort heureux me repoſer ſur lui?

OROE'S.

Arzace de l'Empire eſt le plus digne appui,
Les Dieux l'ont amené, ſa gloire eſt leur ouvrage.

SEMIRAMIS.

J'accepte avec tranſport ce fortuné préſage;
L'eſpérance & la paix reviennent me calmer;
Allez; qu'un pur encens recommence à fumer;
De vos Mages, de vous, que la préſence auguſte,
Sur l'Hymen le plus grand, ſur le choix le plus juſte,
Attirent de nos Dieux les regards ſouverains:
Puiſſent de cet Etat les éternels deſtins
Reprendre avec les miens une ſplendeur nouvelle!
Hâtez de ce beau jour la pompe ſolemnelle.
Allez.

SCENE III.

SEMIRAMIS, OTANE.

SEMIRAMIS.

Ainſi le Ciel eſt d'accord avec moi;
Je ſuis ſon interprète, en choiſiſſant un Roi.

Que je vais l'étonner, par le don d'un Empire!
Qu'il est loin d'espérer ce moment où j'aspire!
Qu'Assur & tous les siens vont être humiliés!
Quand j'aurai dit un mot, la terre est à ses pieds.
Combien à mes bontés il faudra qu'il réponde!
Je l'époufe, & pour dot, je lui donne le monde.
Enfin ma gloire est pure & je puis la goûter.

SCENE IV.

SEMIRAMIS, OTANE, MITRANE,
Un Officier du Palais.

OTANE.

Arzace à vos genoux demande à se jetter,
Daignez à ses douleurs accorder cette grace.

SEMIRAMIS.

Quel chagrin près de moi peut occuper Arzace?
De mes chagrins lui seul a dissipé l'horreur:
Qu'il vienne; il ne sait pas ce qu'il peut sur mon cœur.
Vous dont le sang s'appaise, & dont la voix m'inspire,
O Manes redoutés, & vous Dieux de l'Empire,
Dieux des Assyriens, de Ninus, de mon fils,
Pour le favoriser, soyez tous réunis.
Quel trouble en le voyant m'a soudain pénétrée!

SCENE

SCENE V.

SEMIRAMIS, ARZACE.

ARZACE.

O Reine, à vous fervir ma vie eſt conſacrée;
Je vous devois mon ſang, & quand je l'ai verſé,
Puiſqu'il coula pour vous, je fus récompenſé.
Mon pere avoit joui de quelque renommée;
Mes yeux l'ont vû mourir, commandant votre Armée:
Il a laiſſé, Madame, à ſon malheureux fils
Des exemples frappans, peut-être mal ſuivis;
Je n'oſe devant vous rapeller la mémoire
Des ſervices d'un pere & de ſa faible gloire,
Qu'afin d'obtenir grace à vos ſacrés genoux,
Pour un fils téméraire & coupable, envers vous,
Qui de ſes vœux hardis écoutant l'imprudence,
Craint même en vous ſervant de vous faire une offenſe.

SEMIRAMIS.

Vous m'offenſer? qui, vous? ah! ne le craignez pas.

ARZACE.

Vous donnez votre main, vous donnez vos Etats.
Sur ces grands intérêts, ſur ce choix que vous faites,
Mon cœur doit renfermer ſes plaintes indiſcretes.
Je dois dans le ſilence, & le front proſterné,
Attendre avec cent Rois, qu'un Roi nous ſoit donné.

Mais

Mais d'Assur hautement le triomphe s'apprête;
D'un pas audacieux il marche à sa conquête;
Le Peuple nomme Assur, il est de votre sang:
Puisse-t-il mériter & son nom & son rang!
Mais enfin je me sens l'ame trop élevée,
Pour adorer ici la main que j'ai bravée,
Pour me voir écrasé de son orgueil jaloux.
Souffrez que loin de lui, malgré moi, loin de vous,
Je retourne aux climats où je vous ai servie,
J'y suis assez puissant contre sa tyrannie,
Si des bienfaits nouveaux dont j'ose me flater...

SEMIRAMIS.

Ah! que m'avez-vous dit? vous, fuir? vous me quitter?
Vous pourriez craindre Assur?

ARZACE.

Non. Ce cœur téméraire
Craint dans le monde entier votre seule colère.
Peut-être avez-vous sû mes desirs orgueilleux,
Votre indignation peut confondre mes vœux,
Je tremble.

SEMIRAMIS.

Espérez tout; je vous ferai connaître,
Qu'Assur en aucun tems ne sera votre maître.

ARZACE.

Eh bien! je l'avouerai, mes yeux avec horreur
De votre Epoux en lui verroient le successeur.
Mais s'il ne peut prétendre à ce grand Hymenée,
Verra-t-on à ses loix Azéma destinée?

Par-

Pardonnez à l'excès de ma présomtion,
Ne redoutez-vous point sa sourde ambition?
Jadis à Ninias Azéma fut unie,
C'est dans le même sang qu'Assur puisa la vie,
Je ne suis qu'un sujet, mais j'ose contre lui...

SEMIRAMIS.

Des sujets tels que vous sont mon plus noble appui.
Je sai vos sentimens, votre ame peu commune
Chérit Sémiramis & non pas ma fortune;
Sur mes vrais intérêts vos yeux sont éclairés;
Je vous en fais l'arbitre & vous les soutiendrez.
D'Assur & d'Azéma je romps l'intelligence;
J'ai prévû les dangers d'une telle alliance;
Je sai tous ses projets, ils seront confondus.

ARZACE.

Ah! puisqu'ainsi mes vœux sont par vous entendus,
Puisque vous avez lû dans le fond de mon ame...

AZEMA, *arrive avec précipitation.*

Reine, j'ose à vos pieds.

SEMIRAMIS, *relevant Azéma.*

Rassurez-vous, Madame,
Quelque soit mon Epoux, je vous garde en ces lieux
Un sort & des honneurs dignes de vos ayeux;
Destinée à mon fils vous m'êtes toujours chere,
Et je vous vois encore avec des yeux de mere.
Placez-vous l'un & l'autre avec ceux que ma voix
A nommés pour témoins de mon auguste choix:
à Arzace.
Que l'appui de l'Etat se range auprès du Thrône.

SCENE

SCENE VI.

Le cabinet où étoit Sémiramis fait place à un grand salon magnifiquement orné. Plusieurs Officiers avec les marques de leurs dignités sont sur des gradins. Un Thrône est placé au milieu du salon. Les Satrapes sont auprès du Thrône. Le Grand-Prêtre entre avec les Mages. Il se place debout entre Assur & Arzace. La Reine est au milieu avec Azéma & ses femmes. Des Gardes occupent le fond du salon.

OROES.

Princes, Mages, Guerriers, soutiens de Babylone,
Par l'ordre de la Reine en ces lieux rassemblés,
Les décrets de nos Dieux vous seront révélés:
Ils veillent sur l'Empire, & voici la journée
Qu'à de grands changemens ils avoient destinée.
Quelque soit le Monarque & quelque soit l'Epoux,
Que la Reine ait choisi pour l'élever sur nous,
C'est à nous d'obéir. J'apporte au nom des Mages
Ce que je dois aux Rois; des vœux & des hommages,
Des souhaits pour leur gloire, & surtout pour l'Etat.
Puissent ces jours nouveaux de grandeur & d'éclat
N'être jamais changés en des jours de ténebres;
Ni ces chants d'allégresse en des plaintes funebres.

AZEMA.

Pontife, & vous Seigneurs, on va nommer un Roi:
Ce grand choix, tel qu'il soit, peut n'offenser que moi.
Mais je naquis sujette, & je le suis encore;
Je m'abandonne aux soins dont la Reine m'honore,

Et

Et sans oser prévoir un sinistre avenir,
Je donne à ses sujets l'exemple d'obéir.

ASSUR.

Quoiqu'il puisse arriver, quoique le Ciel décide,
Que le bien de l'Etat à ce grand jour préside,
Jurons tous par ce Thrône & par Sémiramis,
D'être à ce choix auguste aveuglément soumis,
D'obéir sans murmure au gré de sa justice.

ARZACE.

Je le jure; & ce bras armé pour son service,
Ce cœur à qui sa voix commande après les Dieux,
Ce sang dans les combats répandu sous ses yeux,
Sont à mon nouveau Maître, avec le même zèle
Qui sans se démentir les anima pour elle.

LE GRAND-PRETRE.

De la Reine & des Dieux j'attends les volontés.

SEMIRAMIS.

Il suffit, prenez place, & vous peuple, écoutez:

(*Elle s'assied sur le Thrône.*)

Azéma, Assur, le Grand-Prêtre, Arzace prennent leurs places: elle continue:

Si la terre, quinze ans de ma gloire occupée,
Révéra dans ma main le sceptre avec l'épée,
Dans cette même main qu'un usage jaloux
Destinoit au fuseau sous les loix d'un Epoux;
Si j'ai, de mes sujets surpassant l'espérance,
De cet Empire heureux porté le poids immense;

TRAGEDIE.

Je vais le partager pour le mieux maintenir,
Pour étendre sa gloire aux siecles à venir,
Pour obéir aux Dieux, dont l'ordre irrévocable
Fléchit ce cœur altier si long-tems indomptable.
Ils m'ont ôté mon fils; puissent-ils m'en donner
Qui, dignes de me suivre & de vous gouverner,
Marchant dans les sentiers que fraya mon courage,
Des grandeurs de mon Regne éternisent l'ouvrage!
J'ai pû choisir, sans doute entre des souverains,
Mais ceux dont les Etats entourent mes confins,
Ou sont mes ennemis, ou sont mes tributaires;
Mon Sceptre n'est point fait pour leurs mains étrangères,
Et mes premiers sujets sont plus grands à mes yeux,
Que tous ces Rois vaincus par moi-même ou par eux.
Bélus naquit sujet; s'il eût le Diadême,
Il le dût à ce Peuple, il le dût à lui-même:
J'ai par les mêmes droits le Sceptre que je tiens
Maîtresse d'un Etat plus vaste que les siens,
J'ai rangé sous vos loix vingt peuples de l'aurore,
Qu'au siécle de Bélus on ignoroit encore:
Tout ce qu'il entreprit, je le sus achever.
Ce qui fonde un Etat le peut seul conserver.
Il vous faut un héros digne d'un tel Empire,
Digne de tels sujets, & si j'ose le dire,
Digne de cette main qui va le couronner,
Et du cœur indompté que je vais lui donner.
J'ai consulté les loix, les maîtres du tonnerre,
L'intérêt de l'Etat, l'intérêt de la terre;

Je fais

Je fais le bien du monde en nommant un Epoux.
Adorez le héros qui va regner sur vous;
Voyez revivre en lui les Princes de ma race.
Ce Héros, cet Epoux, ce Monarque, est Arzace.
Elle descend du Thrône, & tout le monde se leve.

AZEMA.

Arzace! ô perfidie!

ASSUR.

O vengeance, ô fureurs!

ARZACE *à Azéma.*

Ah! croyez....

OROES.

Juste ciel! écartez ces horreurs!

SEMIRAMIS.

Avançant sur la scene, & s'adressant aux Mages.

Vous qui sanctifiez de si pures tendresses,
Venez sur les autels garantir nos promesses,
Ninus & Ninias vous sont rendus en lui.
Le tonnerre gronde, & le tombeau paraît s'ébranler.
Ciel! qu'est-ce que j'entens?

OROES.

Dieux! soyez notre appui.

SEMIRAMIS.

Le ciel tonne sur nous, est-ce faveur ou haine?
Grace, Dieux tout-puissans! qu'Arzace me l'obtienne.
Quels funebres accens redoublent mes terreurs!
La tombe s'est ouverte; il paraît... Ciel!.. je meurs...
L'ombre de Ninus sort de son tombeau.

ASSUR.

TRAGEDIE.

ASSUR.
L'ombre de Ninus même, ô Dieux est-il possible!

ARZACE.
Eh bien! qu'ordonnes-tu? parle-nous Dieu terrible.

ASSUR.
Parle.

SEMIRAMIS.
Veux-tu me perdre, ou veux-tu pardonner?
C'est ton Sceptre & ton lit que je viens de donner,
Juge si ce héros est digne de ta place...
Prononce. J'y consens.

L'OMBRE à Arzace
Tu regneras, Arzace.
Mais il est des forfaits que tu dois expier.
Dans ma tombe, à ma cendre, il faut sacrifier;
Sers & mon fils & moi, souviens-toi de ton pere,
Ecoute le Pontife.

ARZACE.
Ombre que je révère,
Demi-Dieu dont l'esprit anime ces climats,
Ton aspect m'encourage, & ne m'étonne pas.
Oui, j'irai dans ta tombe au péril de ma vie;
Acheve, que veux-tu que ma main sacrifie!

L'ombre retourne de son estrade à la porte du tombeau.

Il s'éloigne, il nous fuit.

SEMIRAMIS.

       Ombre de mon Epoux,
Permets qu'en ce tombeau j'embrasse tes genoux,
Que mes regrets.....

   L'OMBRE *à la porte du tombeau.*

     Arrête, & respecte ma cendre,
Quand il en sera tems, je t'y ferai descendre.

  Le spectre rentre, & le mauzolée se referme.

    ASSUR.
Quel horrible prodige!

   SEMIRAMIS.
     O Peuples suivez-moi,
Venez tous dans ce temple, & calmez votre effroi,
Les manes de Ninus ne sont point implacables :
S'ils protegent Arzace, ils me sont favorables;
C'est le ciel qui m'inspire, & qui vous donne un Roi:
Venez tous l'implorer pour Arzace & pour moi.

   Fin du troisiéme Acte.

TRAGEDIE.

ACTE IV.

Le théâtre représente le vestibule du temple.

SCENE I.

ARZACE, AZEMA.

ARZACE.

N'irritez point mes maux, ils m'accablent assez,
Cet oracle est affreux plus que vous ne pensez.
Des prodiges sans nombre étonnent la nature,
Le Ciel m'a tout ravi, je vous perds.

AZEMA.

Ah! parjure,
Va, cesse d'ajouter aux horreurs de ce jour
L'indigne souvenir de ton perfide amour.
Je ne combattrai point la main qui te couronne,
Les morts qui t'ont parlé, ton cœur qui m'abandonne;
Des prodiges nouveaux qui me glacent d'effroi,
Ta barbare inconstance est le plus grand pour moi.
Acheve, rends Ninus à ton crime propice,
Commence ici par moi ton affreux sacrifice:
Frappe ingrat.

ARZACE.

ARZACE.

C'en est trop, mon cœur désespéré
Contre ces derniers traits n'étoit point préparé.
Vous voyez trop, cruelle, à ma douleur profonde,
Si ce cœur vous préfere à l'Empire du monde;
Ces victoires, ce nom, dont j'étois si jaloux,
Vous en étiez l'objet; j'avois tout fait pour vous,
Et mon ambition, au comble parvenue,
Jusqu'à vous mériter avoit porté sa vûe.
Sémiramis m'est chere; oui, je dois l'avouer,
Votre bouche avec moi conspire à la louer;
Nos yeux la regardoient comme un Dieu tutélaire
Qui de nos chastes feux protégeoit le mistère.
C'est avec cette ardeur & ces vœux épurés,
Que peut-être les Dieux veulent être adorés.
Jugez de ma surprise au choix qu'a fait la Reine;
Jugez du précipice où ce choix nous entraîne;
Apprenez tout mon sort.

AZEMA.

Je le sais.

ARZACE.

Apprenez
Que l'Empire ni vous ne me sont destinés;
Ce fils qu'il faut servir, ce fils de Ninus même,
Cet unique héritier de la grandeur suprême...

AZEMA.

Eh bien?

ARZACE.

ARZACE.

Ce Ninias qui presque en son berceau,
De l'Hymen avec vous alluma le flambeau,
Qui naquit à la fois mon rival & mon maître...

AZEMA.

Ninias!

ARZACE.

Il respire, il vient, il va paraître.

AZEMA.

Ninias, juste Ciel! eh quoi, Sémiramis!

ARZACE.

Jusqu'à ce jour trompée elle a pleuré son fils.

AZEMA.

Ninias est vivant!

ARZACE.

C'est un secret encore
Renfermé dans le temple & que la Reine ignore.

AZEMA.

Mais Ninus te couronne & sa veuve est à toi.

ARZACE.

Mais son fils est à vous; mais son fils est mon Roi;
Mais je dois le servir. Quel oracle funeste!

AZEMA.

L'amour parle; il suffit; que m'importe le reste?
Ses ordres plus certains n'ont point d'obscurité;
Voila mon seul oracle, il doit être écouté.
Ninias est vivant! eh bien, qu'il reparaisse;
Que sa mere à mes yeux attestant sa promesse,

Que son pere avec lui rapelé du tombeau
Rejoignent ces liens formés dans mon berceau;
Que Ninias mon Roi, ton rival & ton Maître,
Ait pour moi tout l'amour que tu me dois peut-être;
Viens voir tout cet amour devant toi confondu,
Vois fouler à mes pieds le Sceptre qui m'est dû.
Où donc est Ninias? quel secret, quel mistère
Le dérobe à ma vûe & le cache à sa mere?
Qu'il revienne en un mot; lui, ni Sémiramis,
Ni ces Manes sacrés que l'enfer a vomis,
Ni le renversement de toute la nature,
Ne pourront de mon ame arracher un parjure.
Arzace, c'est à toi de te bien consulter;
Vois si ton cœur m'égale & s'il m'ose imiter.
Quels sont donc ces forfaits que l'enfer en furie,
Que l'ombre de Ninus ordonnent qu'on expie?
Cruel! si tu trahis un si sacré lien,
Je ne connais ici de crimes que le tien.
Je vois de tes destins le fatal interprète,
Pour te dicter leurs loix sortir de sa retraite;
Le malheureux amour dont tu trahis la foi,
N'est point fait pour paraître entre les Dieux & toi.
Va recevoir l'arrêt dont Ninus nous menace,
Ton sort dépend des Dieux, le mien dépend d'Arzace.

Elle sort.

ARZACE.

Arzace est à vous seule. Ah! cruelle, arrêtez,
Quel mélange d'horreurs & de félicités?
Quels étonnans destins l'un à l'autre contraires?...

SCENE

SCENE II.

ARZACE, OROES, *suivi des Mages.*

OROES, *à Arzace.*

Venez, retirons-nous vers ces lieux solitaires,
Je vois quel trouble affreux a dû vous pénétrer ;
A de plus grands assauts il faut vous préparer.

Aux Mages.

Apportez ce bandeau d'un Roi que je revère,
Prenez ce fer sacré, cette lettre.

Les Mages vont chercher ce que le Grand-Prêtre demande.

ARZACE.

O mon pere !
Tirez-moi de l'abîme où mes pas sont plongés,
Levez le voile affreux dont mes yeux sont chargés.

OROES.

Le voile va tomber, mon fils, & voici l'heure
Où dans sa redoutable & profonde demeure,
Ninus attend de vous pour appaiser ses cris,
L'offrande réservée à ses Manes trahis.

ARZACE.

Quel ordre, quelle offrande ! & qu'est-ce qu'il désire ?
Qui. Moi ! venger Ninus, & Ninias respire !
Qu'il vienne, il est mon Roi, mon bras va le servir.

OROES.

Son pere a commandé, ne sachez qu'obéir.

Dans une heure à sa tombe, Arzace, il faut vous rendre,
Il donne le Diadême & l'épée à Ninias.
Armé du fer sacré que vos mains doivent prendre;
Ceint du même bandeau que son front a porté,
Et que vous-même ici vous m'avez présenté.

ARZACE.

Du bandeau de Ninus?

OROES.

Ses Manes le commandent:
C'est dans cet appareil, c'est ainsi qu'ils attendent
Ce sang qui devant eux doit être offert par vous.
Ne songez qu'à frapper, à servir leur couroux;
La victime y sera; c'est assez vous instruire.
Reposez-vous sur eux du soin de la conduire.

ARZACE.

S'il demande mon sang, disposez de ce bras.
Mais vous ne parlez point, Seigneur, de Ninias;
Vous ne me dites point comment son pere même
Me donneroit sa femme avec son Diadême?

OROES.

Sa femme, vous! la Reine! ô Ciel, Sémiramis!
Eh bien, voici l'instant que je vous ai promis,
Connaissez vos destins & cette femme impie.

ARZACE.

Grands Dieux!

OROES.

De son Epoux elle a tranché la vie.

ARZACE.

ARZACE.
Elle! la Reine!
OROE'S.
Assur, l'opprobre de son nom,
Le détestable Assur a donné le poison.
ARZACE, *après un peu de silence.*
Ce crime dans Assur n'a rien qui me surprenne:
Mais croirai-je en effet qu'une Epouse, une Reine
L'amour des Nations, l'honneur des Souverains,
D'un attentat si noir ait pu souiller ses mains?
A-t-on tant de vertus après un si grand crime?
OROE'S.
Ce doute, cher Arzace, est d'un cœur magnanime;
Mais ce n'est plus le tems de rien dissimuler:
Chaque instant de ce jour est fait pour révéler
Les effrayans secrets dont frémit la nature;
Elle vous parle ici; vous sentez son murmure;
Votre cœur, malgré vous, gémit épouvanté.
Ne soyez plus surpris si Ninus irrité
Est monté de la terre à ces voutes impies:
Il vient briser des nœuds tissus par les furies,
Il vient montrer au jour des crimes impunis,
Des horreurs de l'inceste il vient sauver son fils;
Il parle, il vous attend, connaissez votre pere;
Vous êtes Ninias; la Reine est votre mere.
ARZACE.
De tous ces coups mortels, en un moment frappé,

Dans

Dans la nuit du trépas je reste enveloppé :
Moi, son fils ? moi ?

OROE'S.

Vous-même : en doutez-vous encore ?
Apprenez que Ninus, à sa derniere aurore,
Sût qu'un poison mortel en terminoit le cours,
Et que le même crime attentoit sur vos jours,
Qu'il attaquoit en vous les sources de la vie,
Vous arracha mourant à cette Cour impie,
Assur comblant sur vous ses crimes inouis,
Pour épouser la mere empoisonna le fils :
Il crut que de ses Rois exterminant la race,
Le Thrône étoit ouvert à sa perfide audace ;
Et lorsque le Palais déploroit votre mort,
Le fidele Phradate eut soin de votre sort.
Ces végétaux puissants, qu'en Perse on voit éclore,
Bienfaits nés dans ses champs de l'astre qu'elle adore,
Par les soins de Phradate, avec art préparés,
Firent sortir la mort de vos flancs déchirés ;
De son fils qu'il perdit, il vous donna la place ;
Vous ne fûtes connu que sous le nom d'Arzace ;
Il attendoit le jour d'un heureux changement ;
Dieu qui juge les Rois en ordonne autrement.
La vérité terrible est du Ciel descendue,
Et du sein des tombeaux la vengeance est venue.

ARZACE.

Dieu, maître des destins, suis-je assez éprouvé ?

Vous me rendez la mort dont vous m'avez sauvé.
Eh bien Sémiramis... oui, je reçus la vie
Dans le sein des grandeurs & de l'ignominie.
Ma mere... ô Ciel! Ninus! ah! quel aveu cruel!
Mais si le traître Assur étoit seul criminel,
S'il se pouvoit...

OROES *prenant la lettre & la lui donnant.*

Voici ces sacrés caractères,
Ces garans trop certains de ces cruels mistères ;
Le monument du crime est ici sous vos yeux :
Douterez-vous encor?

ARZACE.

Que ne le puis-je, ô Dieux!
Donnez, je n'aurai plus de doute qui me flatte,
Donnez.

(Il lit.)

Ninus mourant, au fidele Phradate.
Je meurs empoisonné prenez soin de mon fils :
Arrachez Ninias à des bras ennemis ;
Ma criminelle Epouse...

OROES.

En faut-il davantage?
C'est de vous que je tiens cet affreux témoignage;
Ninus n'acheva point; l'approche de la mort
Glaça sa faible main qui traçoit votre sort :
Phradate en cet écrit vous apprend tout le reste;
Lisez, il vous confirme un secret si funeste.

Il suffit;

Il fuffit; Ninus parle, il arme votre bras,
De fa tombe à fon Thrône il va guider vos pas,
Il veut du fang.

   ARZACE, *après avoir lû*.

    O jour trop fécond en miracles!
Enfer, qui m'as parlé, tes funeftes oracles
Sont plus obfcurs encor à mon efprit troublé,
Que le fein de la tombe où je fuis apelé.
Au facrificateur on cache la victime,
Je tremble fur le choix.

   OROES.

    Tremblez, mais fur le crime,
Allez, dans les horreurs dont vous êtes troublé,
Le Ciel vous conduira, comme il vous a parlé.
Ne vous regardez plus comme un homme ordinaire;
Des éternels décrets facré dépofitaire,
Marqué du fceau des Dieux, féparé des Humains,
Avancez dans la nuit qui couvre vos deftins.
Mortel, faible inftrument des Dieux de vos Ancêtres,
Vous n'avez pas le droit d'interroger vos Maîtres;
A la mort échappé, malheureux Ninias,
Adorez, rendez grace & ne murmurez pas.

SCENE

TRAGEDIE.

SCENE III.
ARZACE, MITRANE.

ARZACE.
Non, je ne reviens point de cet état horrible;
Sémiramis! ma mere! ô ciel est-il possible!
MITRANE, *arrivant*.
Babylone, Seigneur, en ce commun effroi,
Ne peut se rassurer qu'en revoyant son Roi;
Souffrez que le premier je vienne reconnaître,
Et l'Epoux de la Reine & mon auguste Maître.
Sémiramis vous cherche, elle vient sur mes pas;
Je bénis ce moment qui la met dans vos bras.
Vous ne répondez point. Un désespoir farouche
Fixe vos yeux troublés & vous ferme la bouche,
Vous palissez d'effroi, tout votre corps frémit.
Qu'est-ce qui s'est passé? qu'est-ce qu'on vous a dit?
ARZACE.
Fuyons vers Azéma?
MITRANE.
     Quel étonnant langage?
Seigneur, est-ce bien vous? faites-vous cet outrage
Aux bontés de la Reine, à ses feux, à son choix,
A ce cœur qui pour vous dédaigna tant de Rois?
Son espérance en vous est-elle confondue?
ARZACE.

ARZACE.

Dieux! c'est Sémiramis, qui se montre à ma vûe!
O tombe de Ninus, ô séjour des enfers,
Cachez son crime & moi dans vos goufres ouverts.

SCENE IV.

SEMIRAMIS, ARSACE.

SEMIRAMIS.

On n'attend plus que vous; venez Maître du monde;
Son sort, comme le mien, sur mon Hymen se fonde;
Je vois avec transport ce signe révéré,
Qu'a mis sur votre front un Pontife inspiré,
Ce sacré Diadème, assuré témoignage
Que l'enfer & le Ciel confirment mon suffrage.
Tout le parti d'Assur frappé d'un saint respect,
Tombe à la voix des Dieux, & tremble à mon aspect;
Ninus veut une offrande, il en est plus propice:
Pour hâter mon bonheur, hâtez ce sacrifice.
Tous les cœurs sont à nous, tout le Peuple applaudit;
Vous regnez, je vous aime, Assur en vain frémit.

ARZACE, *hors de lui*.

Assur! allons... il faut dans le sang du perfide.
Dans cet infame sang lavons son parricide,
Allons venger Ninus...

SEMIRAMIS.

Qu'entends-je! juste Ciel!
Ninus!

ARZACE, *d'un air égaré.*

Vous m'avez dit que son bras criminel

Revenant à lui.

Avoit . . . que l'infolent s'arme contre fa Reine,
Et n'eft-ce pas affez pour mériter ma haine!

SEMIRAMIS.

Commencez la vengeance en recevant ma foi.

ARZACE.

Mon pere!

SEMIRAMIS.

Ah! quels regards vos yeux lancent fur moi?
Arzace, eft-ce donc là ce cœur foumis & tendre
Qu'en vous donnant ma main j'ai cru devoir attendre?
Je ne m'étonne point que ce prodige affreux,
Que les morts déchaînés du féjour ténébreux,
De la terreur en vous laiffent encor la trace;
Mais j'en fuis moins troublée en revoyant Arzace.
Ah! ne répandez pas cette funefte nuit
Sur ces premiers momens du beau jour qui me luit.
Soyez tel qu'à mes pieds je vous ai vû paraître,
Lorsque vous redoutiez d'avoir Affur pour Maître;
Ne craignez point Ninus, & fon ombre en couroux.
Arzace, mon apui, mon fecours, mon Epoux;
Cher Prince. . .

Volt. Tom. IX. G ARZACE.

ARZACE, *se détournant.*

C'en est trop, le crime m'environne...
Arrêtez.

SEMIRAMIS.

A quel trouble, hélas! il s'abandonne,
Quand lui seul à la paix a pû me rapeler!

ARZACE.

Sémiramis...

SEMIRAMIS.

Eh bien?

ARZACE.

Je ne puis lui parler.
Fuyez moi pour jamais, ou m'arrachez la vie.

SEMIRAMIS.

Quels transports! quels discours! qui, moi, que je vous fuie?
Eclaircissez ce trouble insuportable, affreux,
Qui passe dans mon ame, & fait deux malheureux.
Les traits du désespoir sont sur votre visage,
De moment en moment vous glacez mon courage,
Et vos yeux allarmés me causent plus d'effroi
Que le Ciel & les morts soulevés contre moi.
Je tremble en vous offrant ce sacré Diadême;
Ma bouche en frémissant prononce je vous aime;
D'un pouvoir inconnu l'invincible ascendant
M'entraîne ici vers vous, m'en repousse à l'instant;
Et par un sentiment que je ne peux comprendre,
Mêle une horreur affreuse à l'amour le plus tendre.

ARZACE.

ARZACE.
Haïssez-moi.

SEMIRAMIS.
Cruel, non tu ne le veux pas.
Mon cœur suivra ton cœur, mes pas suivront tes pas.
Quel est donc ce billet, que tes yeux pleins d'allarmes
Lisent avec horreur, & trempent de leurs larmes?
Contient-il les raisons de tes refus affreux?

ARZACE.
Oui.

SEMIRAMIS.
Donne.

ARZACE.
Ah! je ne puis... osez-vous?...

SEMIRAMIS.
Je le veux.

ARZACE.
Laissez-moi cet écrit horrible & nécessaire.

SEMIRAMIS.
D'où le tiens-tu?

ARZACE.
Des Dieux.

SEMIRAMIS.
Qui l'écrivit?

ARZACE.
Mon pere...

SEMIRAMIS.

Que me dis-tu?

ARZACE.

Tremblez.

SEMIRAMIS.

Donne, apprend-moi mon sort.

ARZACE.

Cessez... A chaque mot vous trouveriez la mort.

SEMIRAMIS.

N'importe. Eclaircissez ce doute qui m'accable :
Ne me résistez plus, ou je vous crois coupable.

ARZACE.

Dieux! qui conduisez tout, c'est vous qui m'y forcez!

SEMIRAMIS *prenant le billet.*

Pour la derniere fois, Arzace, obéissez.

ARZACE.

Eh bien, que ce billet soit donc le seul supplice
Qu'à son crime, grand Dieu, réserve ta justice!

Sémiramis lit.

Vous allez trop savoir, c'en est fait.

SEMIRAMIS *à Otane.*

Qu'ai-je lû?

Soutiens-moi, je me meurs...

ARZACE.

Hélas! tout est connu!...

SEMIRAMIS *revenant à elle après un long silence.*

Eh bien, ne tarde plus, rempli ta destinée;
Puni cette coupable & cette infortunée,

Etoufe

TRAGEDIE.

Etoufe dans mon sang mes détestables feux.
La nature trompée est horrible à tous deux;
Venge tous mes forfaits, venge la mort d'un pere,
Reconnais-moi mon fils, frappe, & puni ta mere.

ARZACE.

Que ce glaive plutôt épuise ici mon flanc
De ce sang malheureux formé de votre sang;
Qu'il perce de vos mains ce cœur qui vous révère,
Et qui porte d'un fils le sacré caractère.

SEMIRAMIS *se jettant à genoux.*

Ah! je fus sans pitié, sois barbare à ton tour,
Sois le fils de Ninus en m'arrachant le jour;
Frappe. Mais quoi! tes pleurs se mêlent à mes larmes!
O Ninias! ô jour plein d'horreurs & de charmes!...
Avant de me donner la mort que tu me dois,
De la nature encor laisse parler la voix;
Souffre au moins que les pleurs de ta coupable mere
Arrosent une main si fatale & si chere.

ARZACE, NINIAS.

Ah! je suis votre fils, & ce n'est pas à vous,
Quoi que vous ayez fait, d'embrasser mes genoux.
Ninias vous implore, il vous aime, il vous jure
Les plus profonds respects & l'amour la plus pure.
C'est un nouveau sujet, plus cher & plus soumis;
Le Ciel est appaisé, puisqu'il vous rend un fils:
Livrez l'infame Assur au Dieu qui vous pardonne.

G 3

SEMIRAMIS.

Reçois pour te venger mon Sceptre, ma Couronne;
Je les ai trop souillés.

ARZACE.

Je veux tout ignorer,
Je veux avec l'Afie encor vous admirer.

SEMIRAMIS.

Non, mon crime eſt trop grand.

ARZACE.

Le repentir l'efface.

SEMIRAMIS.

Ninus t'a commandé de regner en ma place;
Crains ſes Mânes vengeurs.

ARZACE.

Ils ſeront attendris
Des remords d'une mere & des larmes d'un fils.
Otane au nom des Dieux ayez ſoin de ma mere,
Et cachez comme moi cet horrible miſtère.

Fin du quatriéme Acte.

ACTE

ACTE V.

SCÈNE I.

SEMIRAMIS, OTANE.

OTANE.

Songez qu'un Dieu propice a voulu prévenir
Cet effroiable Hymen dont je vous vois frémir;
La nature étonnée à ce danger funeste,
En vous rendant un fils, vous arraché à l'inceste.
Des oracles d'Ammon les ordres absolus,
Les infernales voix, les Manes de Ninus,
Vous disoient que le jour d'un nouvel Hymenée
Finiroit les horreurs de votre destinée;
Mais ils ne disoient pas qu'il dut être accompli;
L'Hymen s'est préparé, votre sort est rempli;
Ninias vous revère, un secrét sacrifice
Va contenter des Dieux la facile justice :
Ce jour si redouté fera votre bonheur.

SEMIRAMIS.

Ah! le bonheur, Otane, est-il fait pour mon cœur?
Mon fils s'est attendri; je me flatte, j'espere
Qu'en ces premiers momens la douleur d'une mere

Parle plus hautement à ses sens opressés,
Que le sang de Ninus & mes crimes passés.
Mais peut-être bientôt, moins tendre & plus sévère,
Il ne se souviendra que du meurtre d'un père.

OTANE.
Que craignez-vous d'un fils? quel noir pressentiment?

SEMIRAMIS.
La crainte suit le crime, & c'est son châtiment.
Le détestable Assur sait-il ce qui se passe?
N'a-t-on rien attenté? Sait-on quel est Arzace?

OTANE.
Non; ce secret terrible est de tous ignoré;
De l'ombre de Ninus l'oracle est adoré :
Les esprits consternés ne peuvent le comprendre;
Comment servir son fils! pourquoi venger sa cendre?
On l'ignore, on se tait. On attend ces momens,
Où fermé sans réserve au reste des vivans,
Ce lieu saint doit s'ouvrir pour finir tant d'allarmes:
Le Peuple est aux autels, vos soldats sont en armes:
Azéma, pâle, errante, & la mort dans les yeux,
Veille autour du tombeau, leve les mains aux cieux:
Ninias est au temple, & d'une ame éperdue
Se prépare à frapper sa victime inconnue:
Dans ses sombres fureurs Assur enveloppé,
Rassemble les débris d'un parti dissipé;
Je ne sai quels projets il peut former encore.

SEMI-

SEMIRAMIS.

Ah! c'eſt trop ménager un traître que j'abhorre;
Qu'Aſſur chargé de fers en vos mains ſoit remis;
Otane, allez livrer le coupable à mon fils.
Mon fils appaiſera l'éternelle juſtice,
En répandant, du moins, le ſang de mon complice.
Qu'il meure, qu'Azéma rendue à Ninias,
Du crime de mon Regne épure ces climats.
Tu vois ce cœur, Ninus, il doit te ſatisfaire;
Tu vois du moins en moi des entrailles de mere.
Ah! qui vient dans ces lieux à pas précipités?
Que tout rend la terreur à mes ſens agités!

SCENE II.

SEMIRAMIS, AZEMA, OTANE.

AZEMA.

Madame, pardonnez ſi ſans être apellée,
De mortelles frayeurs trop juſtement troublée,
Je viens avec transport embraſſer vos genoux.

SEMIRAMIS.

Ah! Princeſſe parlez, que me demandez-vous?

AZEMA.

D'arracher un héros au coup qui le menace;
De prévenir le crime & de ſauver Arzace.

SEMIRAMIS.
Arzace? lui? quel crime?

AZEMA.
Il devient votre Epoux,
Il me trahit, n'importe, il doit vivre pour vous.

SEMIRAMIS.
Lui mon Epoux? grands Dieux!

AZEMA.
Quoi l'Hymen qui vous lie...

SEMIRAMIS.
Cet Hymen est affreux, abominable, impie;
Arzace? il est... parlez; je frissonne, achevez:
Quels dangers! hâtez-vous...

AZEMA.
Madame vous savez
Que peut-être au moment que ma voix vous implore,

SEMIRAMIS.
Eh bien?

AZEMA.
Ce demi-Dieu que je redoute encore,
D'un secret sacrifice en doit être honoré;
Au fond du labyrinthe à Ninus consacré.
J'ignore quels forfaits il faut qu'Arsace expie.

SEMIRAMIS.
Quels forfaits, juste Dieu!

AZEMA.
Cet Assur, cet impie

Va

TRAGEDIE.

Va violer la tombe où nul n'est introduit.
SEMIRAMIS.
Qui? lui!
AZEMA.
Dans les horreurs de la profonde nuit,
Des fouterrains fecrets, où fa fureur habile
A tout événement fe creufoit un afile,
Ont fervi les deffeins de ce monftre odieux;
Il vient braver les morts, il vient braver les Dieux;
D'une main facrilège aux forfaits enhardie,
Du généreux Arzace il va trancher la vie.
SEMIRAMIS.
O Ciel! qui vous l'a dit? comment, par quel détour?
AZEMA.
Fiez-vous à mon cœur éclairé par l'amour;
J'ai vû du traître Affur la haine envenimée,
Sa faction tremblante & par lui ranimée,
Ses amis raffemblés qu'a féduits fa fureur:
De fes deffeins fecrets j'ai démêlé l'horreur;
J'ai feint de réunir nos caufes mutuelles;
Je l'ai fait épier par des regards fidelles:
Il ne commet qu'à lui ce meurtre détefté;
Il marche au facrilége avec impunité;
Sûr que dans ce lieu faint nul n'ofera paraître,
Que l'accès en eft même interdit au grand-prêtre,
Il y vole: & le bruit par fes foins fe répand
Qu'Arzace eft la victime, & que la mort l'attend:

Que

Que Ninus dans son sang doit laver son injure.
On parle au Peuple, aux Grands, on s'assemble, on murmure;
Je crains Ninus, Assur, & le Ciel en courroux.

SEMIRAMIS.

Eh, bien chere Azéma, ce Ciel parle par vous;
Il me suffit. Je voi ce qui me reste à faire.
On peut s'en reposer sur le cœur d'une mere,
Ma fille. Nos destins à la fois sont remplis:
Défendez votre Epoux, je vais sauver mon fils.

AZEMA.

Ciel?

SEMIRAMIS.

Prête à l'épouser, les Dieux m'ont éclairée;
Ils inspirent encore une mere éplorée;
Mais les momens sont chers. Laissez-moi dans ces lieux:
Ordonnez en mon nom que les prêtres des Dieux,
Que les Chefs de l'Etat viennent ici se rendre.

Azéma passe dans le vestibule du temple; Sémiramis, de l'autre côté, s'avance vers le Mausolée.

Ombre de mon Epoux! je vais venger ta cendre.
Voici l'instant fatal où ta voix m'a promis
Que l'accès de ta tombe alloit m'être permis:
J'obéirai; mes mains qui guidoient des Armées,
Pour secourir mon fils à ta voix sont armées.
Venez, Gardes du Thrône, accourez à ma voix,
D'Arzace désormais reconnaissez les loix:
Arzace est votre Roi, vous n'avez plus de Reine;
Je dépose en ses mains la grandeur souveraine:

Soyez

TRAGEDIE.

Soyez ses défenseurs ainsi que ses sujets.
Allez.
Les Gardes se rangent au fond de la scene.
Dieux tout-puissans, secondez mes projets.
Elle entre dans le tombeau.

SCENE III.

AZEMA

revenant de la porte du temple sur le devant de la scene.

Que méditoit la Reine, & quel dessein l'anime?
A-t-elle encor le tems de prévenir le crime!
O prodige, ô destin que je ne conçois pas!
Moment cher & terrible, Arzace! Ninias!
Arbitres des humains, puissances que j'adore,
Me l'avez-vous rendu pour le ravir encore?

SCENE IV.

AZEMA, ARZACE, ou NINIAS.

AZEMA.

Ah! cher Prince, arrêtez. Ninias est-ce vous?
Vous le fils de Ninus, mon Maître & mon Epoux!

NINIAS.

Ah! vous me revoyez confus de me connaître.
Je suis du sang des Dieux, & je frémis d'en être.

Ecartez

Ecartez ces horreurs qui m'ont environné;
Fortifiez ce cœur au trouble abandonné;
Encouragez ce bras prêt à venger un pere.

AZEMA.

Gardez-vous de remplir cet affreux ministère.

NINIAS.

Je dois un sacrifice, il le faut, j'obéis.

AZEMA.

Non. Ninus ne veut pas qu'on immole son fils.

NINIAS.

Comment?

AZEMA.

Vous n'irez point dans ce lieu redoutable;
Un traître y tend pour vous un piége inévitable.

NINIAS.

Qui peut me retenir, & qui peut m'effrayer?

AZEMA.

C'est vous que dans la tombe on va sacrifier;
Assur, l'indigne Assur a, d'un pas sacrilége,
Violé du tombeau le divin privilége;
Il vous attend;

NINIAS.

Grands Dieux! tout est donc éclairci.
Mon cœur est rassuré, la victime est ici.
Mon pere empoisonné par ce monstre perfide,
Demande à haute voix le sang du parricide.
Instruit par le Grand-Prêtre & conduit par le Ciel,
Par Ninus même armé contre le criminel,

Je n'aurai qu'à frapper la victime funeste
Qu'amène à mon courroux la justice céleste.
Je vois trop que ma main dans ce fatal moment
D'un pouvoir invincible est l'aveugle instrument.
Les Dieux seuls ont tout fait; & mon ame étonnée
S'abandonne à la voix qui fait ma destinée.
Je vois que, malgré nous, tous nos pas sont marqués:
Je vois que des enfers ces Manes évoqués
Sur le chemin du Thrône ont semé les miracles:
J'obéis sans rien craindre, & j'en crois les oracles.

AZEMA.

Tout ce qu'ont fait les Dieux ne m'apprend qu'à frémir:
Ils ont aimé Ninus, ils l'ont laissé périr.

NINIAS.

Ils le vengent enfin: étouffez ce murmure.

AZEMA.

Ils choisissent souvent une victime pure,
Le sang de l'innocence a coulé sous leurs coups.

NINIAS.

Puisqu'ils nous ont unis ils combattent pour nous.
Ce sont eux qui parloient par la voix de mon pere:
Ils me rendent un Thrône, une épouse, une mere;
Et couvert à vos yeux du sang du criminel,
Ils vont de ce tombeau me conduire à l'autel.
J'obéis, c'est assez, le Ciel fera le reste.

SCENE V.

AZEMA *seule.*

Dieux! veillez fur fes pas dans ce tombeau funefte;
Que voulez-vous! quel fang doit aujourd'hui couler?
Impénétrables Dieux, vous me faites trembler.
Je crains Affur, je crains cette main fanguinaire,
Il peut percer le fils fur la cendre du pere.
Abîmes redoutés dont Ninus eft forti,
Dans vos antres profonds que ce monftre englouti
Porte au fein des enfers la fureur, qui le preffe.
Cieux tonnez, cieux lancez la foudre vengereffe.
O fon pere! ô Ninus, quoi tu n'as pas permis
Qu'une Epoufe éplorée accompagnât ton fils!
Ninus combas pour lui, dans ce lieu de ténèbres.

N'entend-je pas fa voix parmi des cris funèbres?
Dût ce facré tombeau, profané par mes pas,
Ouvrir pour me punir les gouffres du trépas;
J'y defcendrai! j'y vole... Ah! quels coups de tonnerre
Ont enflâmé le ciel & font trembler la terre!
Je crains, j'efpere . . . il vient.

SCENE VI.

NINIAS, *une épée sanglante à la main*, AZEMA.

NINIAS.
Ciel! où suis-je?

AZEMA.
Ah! Seigneur,
Vous êtes teint de sang, pâle, glacé d'horreur.

NINIAS, *d'un air égaré.*
Vous me voyez couvert du sang du parricide.
Au fond de ce tombeau, mon pere étoit mon guide.
J'errois dans les détours de ce grand monument,
Plein de respect, d'horreur & de saisissement;
Il marchoit devant moi: j'ai reconnu la place
Que son ombre en couroux marquoit à mon audace.
Auprès d'une colonne, & loin de la clarté,
Qui suffisoit à peine à ce lieu redouté,
J'ai vû briller le fer dans la main du perfide;
J'ai cru le voir trembler; tout coupable est timide:
J'ai deux fois dans son flanc plongé ce fer vengeur;
Et d'un bras tout sanglant qu'animoit ma fureur,
Déja je le trainois, roulant sur la poussière,
Vers les lieux d'où partoit cette faible lumière.
Mais je vous l'avouerai, ses sanglots redoublés,
Ses cris plaintifs & sourds & mal articulés,

Les Dieux qu'il invoquoit, & le repentir même
Qui sembloit le saisir à son heure suprême;
La sainteté du lieu; la pitié dont la voix,
Alors qu'on est vengé, fait entendre ses loix;
Un sentiment confus, qui même m'épouvante;
M'ont fait abandonner la victime sanglante.
Azéma, quel est donc ce trouble, cet effroi,
Cette invincible horreur qui s'empare de moi?
Mon cœur est pur, ô Dieux! mes mains sont innocentes;
D'un sang proscrit par vous, vous les voyez fumantes:
Quoi j'ai servi le ciel, & je sens des remords!

AZEMA.

Vous avez satisfait la nature & les morts,
Quittons ce lieu terrible, allons vers votre mere,
Calmez à ses genoux ce trouble involontaire;
Et puis qu'Assur n'est plus...

SCENE VII.

NINIAS, AZEMA, ASSUR.

Assur paraît dans l'enfoncement avec Otane, & les Gardes de la Reine.

AZEMA.

Ciel! Assur à mes yeux!

ARZACE.

Assur?

AZEMA.

TRAGEDIE.

AZEMA.

Accourez tous, ministres de nos Dieux,
Ministres de nos Rois, défendez votre Maître,

SCENE VIII.

Le Grand-Prêtre OROES, *les Mages & le Peuple.* NINIAS, AZEMA, ASSUR *désarmé,* MITRANE.

OTANE.

Il n'en est pas besoin; j'ai fait saisir le traître,
Lorsque dans ce lieu saint il alloit pénétrer.
La Reine l'ordonna, je viens vous le livrer.

NINIAS.

Qu'ai-je fait, & quelle est la victime immolée?

OROES.

Le Ciel est satisfait. La vengeance est comblée.

En montrant Assur.

Peuples de votre Roi voila l'empoisonneur:

En montrant Ninias.

Peuples, de votre Roi voila le successeur.
Je viens vous l'annoncer, je viens le reconnaître,
Revoyez Ninias, & servez votre Maître.

ASSUR.

Toi, Ninias?

OROES.

Lui-même; un Dieu qui l'a conduit,
Le sauva de ta rage, & ce Dieu te poursuit.

ASSUR.

ASSUR.

Toi, de Sémiramis tu reçus la naissance!

NINIAS.

Oui; mais pour te punir, j'ai reçu sa puissance.
Allez, délivrez-moi de ce monstre inhumain.
Il ne méritoit pas de tomber sous ma main;
Qu'il meure dans l'opprobre, & non de mon épée;
Et qu'on rende au trépas ma victime échapée.

Sémiramis paraît au pied du tombeau mourante, un Mage qui est à cette porte la relève.

ASSUR.

Va: mon plus grand supplice est de te voir mon Roi;
Appercevant Sémiramis.
Mais je te laisse encor plus malheureux que moi,
Regarde ce tombeau; contemple ton ouvrage.

NINIAS.

Quelle victime, ô Ciel, a donc frappé ma rage!

AZEMA.

Ah! fuyez, cher Epoux!

MITRANE.

Qu'avez-vous fait?

OROE'S, *se mettant entre le tombeau & Ninias.*

Sortez,
Venez purifier vos bras ensanglantés;
Remettez dans mes mains ce glaive trop funeste,
Cet aveugle instrument de la fureur céleste.

NINIAS, *courant vers Sémiramis.*

Ah! cruels, laissez-moi le plonger dans mon cœur.

OROE'S,

OROE'S, *tandis qu'on le désarme.*
Gardez de le laisser à sa propre fureur.
SEMIRAMIS,
qu'on fait avancer & qu'on place sur un fauteuil.
Viens me venger mon fils, un monstre sanguinaire,
Un traître, un sacrilège, assassine ta mere.
NINIAS.
O jour de la terreur! ô crimes inouis!
Ce sacrilège affreux, ce monstre est votre fils.
Au sein qui m'a nourri cette main s'est plongée:
Je vous suis dans la tombe & vous serez vengée.
SEMIRAMIS.
Hélas! j'y descendis pour défendre tes jours.
Ta malheureuse mere alloit à ton secours...
J'ai reçu de tes mains la mort qui m'étoit due.
NINIAS.
Ah! c'est le dernier trait à mon ame éperdue;
J'attefte ici les Dieux qui conduisoient mon bras,
Ces Dieux qui m'égaroient...
SEMIRAMIS.
Mon fils, n'acheve pas:
Je te pardonne tout si pour grace dernière,
Une si chere main ferme au moins ma paupière.
Il se jette à genoux.
Viens, je te le demande au nom du même sang
Qui t'a donné la vie & qui sort de mon flanc.
Ton cœur n'a pas sur moi conduit ta main cruelle.
Quand Ninus expira j'étois plus criminelle.

J'en suis assez punie; il est donc des forfaits
Que le couroux des Dieux ne pardonne jamais!
Ninias, Azéma, que votre Hymen efface
L'opprobre dont mon crime a souillé votre race;
D'une mere expirante approchez-vous tous deux;
Donnez-moi votre main; vivez, regnez heureux;
Cet espoir me console... il mêle quelque joie
Aux horreurs de la mort où mon ame est en proie
Je la sens... elle vient... songe à Sémiramis,
Ne hais point sa mémoire: ô mon fils, mon cher fils...
C'en est fait...

OROES.

La lumiere à ses yeux est ravie;
Secourez Ninias, prenez soin de sa vie.
Par ce terrible exemple apprenez tous, du moins,
Que les crimes secrets ont les Dieux pour témoins;
Plus le coupable est grand, plus grand est le supplice:
Rois tremblez sur le Thrône & craignez leur justice.

Fin du cinquième & dernier Acte.

ELOGE

ELOGE FUNEBRE
DES
OFFICIERS
QUI
SONT MORTS DANS LA GUERRE
DE 1741.

ELOGE FUNEBRE
DES
OFFICIERS
Qui font morts dans la Guerre de 1741.

Un peuple qui fut l'éxemple des nations, qui leur enfeigna tous les arts, & même celui de la guerre, le maître des Romains qui ont été nos maîtres, la Grece enfin parmi fes inftitutions qu'on admire encore, avoit établi l'ufage de confacrer par des éloges funèbres la mémoire des citoyens qui avoient répandu leur fang pour la patrie. Coutume digne d'Athènes, digne d'une nation valeureufe & humaine, digne de nous! pourquoi ne la fuivrions-nous pas? nous long-tems les heureux rivaux en tant de genres de cette nation refpectable. Pourquoi nous renfermer dans l'ufage de ne célébrer après leur mort que ceux qui, ayant été donnés en fpectacle au monde par leur élévation, ont été fatigués d'encens pendant leur vie?

Il eft jufte fans doute, il importe au genre humain de louer les Titus, les Trajans, les Louis XII, les Henry IV, & ceux qui leur reffemblent. Mais ne rendra-t-on jamais

jamais qu'à la dignité ces devoirs si intéressans & si chers quand ils sont rendus à la personne ; si vains quand ils ne sont qu'une partie nécessaire d'une pompe funèbre, quand le cœur n'est point touché, quand la vanité seule de l'orateur parle à la vanité des hommes, & que dans un discours compassé & dans une division forcée, on s'épuise en éloges vagues qui passent avec la fumée des flambeaux funéraires.

Du moins, s'il faut célébrer toujours ceux qui ont été grands, réveillons quelquefois la cendre de ceux qui ont été utiles. Heureux sans doute, (si la voix des vivans peut percer la nuit des tombeaux) heureux le magistrat immortalisé par le même organe, qui avoit fait verser tant de pleurs sur la mort de Marie d'Angleterre, & qui fut digne de célébrer le grand Condé. Mais si la cendre de Michel le Tellier reçut tant d'honneurs, est-il un bon citoyen qui ne demande aujourd'hui, les a-t-on rendus au grand Colbert, à cet homme qui fit naître tant d'abondance en ranimant tant d'industrie, qui porta ses vûes supérieures jusqu'aux extrémités de la terre, qui rendit la France la dominatrice des mers, & à qui nous devons une grandeur & une félicité long-tems inconnue ?

O mémoire ! ô noms du petit nombre d'hommes qui ont bien servi l'Etat ! vivez éternellement : mais surtout ne périssez pas tout entiers, vous Guerriers qui êtes morts pour nous défendre. C'est votre sang qui nous a valu des victoires ; c'est sur vos corps déchirés & palpitans que vos compagnons ont marché à l'ennemi, & qu'ils ont monté à tant de remparts ; c'est à vous que nous devons une paix glorieuse, achetée par votre perte.

Plus la guerre est un fleau épouventable rassemblant sous lui toutes les calamités & tous les crimes, plus grande doit être notre reconnaissance envers ces braves compatriotes qui ont péri pour nous donner cette paix heureuse,

heureuse, qui doit être l'unique but de la guerre, & le seul objet de l'ambition d'un vrai Monarque.

Faibles & insensés mortels que nous sommes, qui raisonnons tant sur nos devoirs, qui avons tant approfondi notre nature, nos malheurs & nos faiblesses, nous faisons sans cesse retentir nos temples de reproches & de condamnations ; nous anathématisons les plus légères irrégularités de la conduite, les plus secrettes complaisances des cœurs ; nous tonnons contre des vices, contre des défauts, condamnables il est vrai, mais qui troublent à peine la société. Cependant quelle voix chargée d'annoncer la vertu s'est jamais élevée contre ce crime si grand & si universel ; contre cette rage destructive qui change en bêtes féroces des hommes nés pour vivre en freres ; contre ces déprédations atroces ; contre ces cruautés qui font de la terre un séjour de brigandage, un horrible & vaste tombeau?

Des bords du Pô jusqu'à ceux du Danube, on bénit de tous côtés au nom du même Dieu ces drapeaux sous lesquels marchent des milliers de meurtriers mercénaires, à qui l'esprit de débauche, de libertinage & de rapine ont fait quitter leurs campagnes ; ils vont, & ils changent de maîtres : ils s'exposent à un supplice infâme pour un léger intérêt ; le jour du combat vient, & souvent le soldat qui s'étoit rangé n'a gueres sous les enseignes de sa patrie, répand sans remords le sang de ses propres concitoyens ; il attend avec avidité le moment où il pourra dans le champ du carnage arracher aux mourans quelques malheureuses dépouilles qui lui sont enlevées par d'autres mains. Tel est trop souvent le soldat ; telle est cette multitude aveugle & féroce dont on se sert pour changer la destinée des Empires, & pour élever les monumens de la gloire. Considérés tous ensemble marchant avec ordre sous un grand Capitaine, ils forment le spectacle le plus fier & le plus imposant qui soit dans l'univers.

Pris

Pris chacun à part dans l'enivrement de leurs frénésies brutales, (si on en excepte un petit nombre) c'est la lie des nations.

Tel n'est point l'Officier, idolâtre de son honneur & de celui de son Souverain, bravant de sang froid la mort avec toutes les raisons d'aimer la vie, quittant gaiement les délices de la société pour des fatigues qui font frémir la nature, humain, généreux, compatissant, tandis que la barbarie étincelle de rage partout autour de lui, né pour les douceurs de la société comme pour les dangers de la guerre, aussi poli que fier, orné souvent par la culture des lettres & plus encore par les graces de l'esprit. A ce portrait les nations étrangeres reconnaissent nos Officiers ; elles avouent surtout que lorsque le premier feu trop ardent de leur jeunesse est tempéré par un peu d'expérience, ils se font aimer même de leurs ennemis. Mais si leurs graces & leurs franchises ont adouci quelquefois les esprits les plus barbares, que n'a point fait leur valeur?

Ce sont eux qui ont défendu pendant tant de mois cette Capitale de la Bohême, conquise par leurs mains en si peu de momens ; eux qui attaquoient, qui assiégeoient leurs assiégeans ; eux qui donnoient de longues batailles dans des tranchées ; eux qui bravèrent la faim, les ennemis, la mort, la rigueur inouie des saisons dans cette mémorable marche, moins longue que celle des Grecs de Xénophon, mais non moins pénible & non moins hasardeuse.

On les a vûs sous un Prince aussi vigilant qu'intrépide, précipiter leurs ennemis du haut des Alpes ; victorieux à la fois de tous les obstacles que la nature & l'art & la valeur opposoient à leur courage opiniâtre. Champs de Fontenoi, rivages de l'Escaut & de la Meuse teints de leur sang, c'est dans vos campagnes que leurs efforts ont ramené la victoire aux pieds de ce Roi, que les nations,
conju-

conjurées contre lui, auroient dû choisir pour leur arbitre. Que n'ont-ils point éxécuté, ces héros, dont la foule est connue à peine ?

Qu'avoient donc au-dessus d'eux ces Centurions & ces Tribuns des Légions Romaines ? en quoi les passoient-ils ? si ce n'est peut-être dans l'amour invariable de la discipline militaire. Les anciens Romains éclipsèrent il est vrai toutes les autres nations de l'Europe, quand la Grece fut amolie & désunie, & quand les autres peuples étoient encore des barbares destitués de bonnes loix, sachant combattre, & ne sachant pas faire la guerre, incapables de se réunir à propos contre l'ennemi commun, privés du commerce, privés de tous les arts, & de toutes les ressources. Aucun peuple n'égale encor les anciens Romains. Mais l'Europe entière vaut aujourd'hui beaucoup mieux que ce peuple vainqueur & législateur ; soit que l'on considère tant de connaissances perfectionnées, tant de nouvelles inventions ; ce commerce immense & habile qui embrasse les deux mondes, tant de villes opulentes, élevées dans des lieux qui n'étoient que des déserts sous les Consuls & sous les Césars ; soit qu'on jette les yeux sur ces Armées nombreuses & disciplinées qui défendent vingt Royaumes policés ; soit qu'on perce cette politique toujours profonde, toujours agissante, qui tient la balance entre tant de nations. Enfin la jalousie même qui regne entre les peuples modernes, qui excite leur génie, & qui anime leurs travaux, sert encore à élever l'Europe au-dessus de ce qu'elle admiroit stérilement dans l'ancienne Rome, sans avoir ni la force ni même le desir de l'imiter.

Mais de tant de nations en est-il une qui puisse se vanter de renfermer dans son sein un pareil nombre d'Officiers tels que les nôtres ? quelquefois ailleurs on sert pour faire sa fortune, & parmi nous on prodigue la sienne pour servir ; ailleurs on trafique de son sang
avec

avec des maîtres étrangers, ici on brule de donner sa vie pour son Roi ; là on marche parce qu'on est payé, ici on vole à la mort pour être regardé de son Maître, & l'honneur a toujours fait de plus grandes choses que l'intérêt.

Souvent en parlant de tant de travaux & de tant de belles actions, nous nous dispensons de la reconnaissance en disant que l'ambition a tout fait. C'est la logique des ingrats. Qui nous sert veut s'élever ; je l'avoue : oui on est excité en tout genre par cette noble ambition, sans laquelle il ne seroit point de grands hommes. Si on n'avoit pas devant les yeux des objets qui redoublent l'amour du devoir, seroit-on bien recompensé par ce public si ardent quelquefois & si précipité dans ses éloges, mais toujours plus prompt dans ses censures, passant de l'entousiasme à la tiédeur, & de la tiédeur à l'oubli ?

Sibarites tranquilles dans le sein de nos cités florissantes, occupés des rafinemens de la mollesse, devenus insensibles à tout, & au plaisir même pour avoir tout épuisé, fatigués de ces spectacles journaliers, dont le moindre eut été un fête pour nos peres, & de ces repas continuels, plus délicats que les festins des Rois ; au milieu de tant de voluptés, si accumulées & si peu senties, de tant d'arts, de tant de chefs-d'œuvres si perfectionnés & si peu considérés ; enivrés & assoupis dans la sécurité & dans le dédain, nous apprenons la nouvelle d'une bataille ; on se réveille de sa douce léthargie pour demander avec empressement des détails dont on parle au hazard, pour censurer le Général, pour diminuer la perte des ennemis, pour enfler la nôtre : cependant cinq ou six cens familles du Royaume sont ou dans les larmes ou dans la crainte. Elles gémissent, retirées dans l'intérieur de leurs maisons, & redemandent au ciel des freres, des époux, des enfans. Les

paisibles

paifibles habitans de Paris fe rendent le foir aux fpectacles où l'habitude les entraîne plus que le goût. Et fi
dans les repas qui fuccedent aux fpectacles, on parle un
moment des morts qu'on a connus, c'eft quelquefois
avec indifférence, ou en rapelant leurs défauts, quand
on ne devroit fe fouvenir que de leurs pertes; ou même
en éxerçant contre eux ce facile & malheuréux talent
d'une raillerie maligne, comme s'ils vivoient encore.

Mais quand nous apprenons que dans le cours de nos
fuccès, un revers tel qu'en ont éprouvés dans tous les
tems les plus grands Capitaines, a fufpendu le progrès
de nos armes, alors tout eft défefpéré. Alors on affecte
de craindre, quoiqu'on ne craigne rien en effet. Nos
réproches amers perfécutent jufques dans le tombeau le
Général dont les jours ont été tranchés dans une action
malheureufe. Et favons-nous quels étoient fes deffeins,
fes reffources ? & pouvons-nous de nos lambris dorés,
dont nous ne fommes presque jamais fortis, voir d'un
coup d'œil jufte le terrain fur lequel on a combattu ?
Celui que vous accufez a pû fe tromper ; mais il eft
mort en combattant pour vous. Quoi nos livres, nos
écoles, nos déclamations hiftoriques, répéteront fans
ceffe le nom d'un Cinégire, qui ayant perdu les bras
en faififfant une barque perfanne, l'arrêtoit encore vainement avec les dents ! Et nous nous bornerions à blâ-
mer notre compatriote qui eft mort en arrachant ainfi
les paliffades des retranchemens ennemis au combat
d'Exiles, quand il ne pouvoit plus les faifir de fes mains
bleffées.

Rempliffons-nous l'efprit, à la bonne heure, de
ces éxemples de l'antiquité, fouvent très-peu prouvés &
beaucoup éxagérés ; mais qu'il refte au moins place
dans nos efprits pour ces éxemples de vertu, heureux ou
malheureux, que nous ont donnés nos concitoyens. Ce
jeune Brienne, qui ayant le bras fracaffé à ce combat
d'Exiles,

d'Exiles, monte encore à l'escalade en disant: *Il m'en reste un autre pour mon Roi & pour ma patrie*, ne vaut-il pas bien un habitant de l'Attique & du Latium? & tous ceux qui, comme lui, s'avançoient à la mort, ne pouvant la donner aux ennemis, ne doivent-ils pas nous être plus chers que les anciens guerriers d'une terre étrangère? n'ont-ils pas même mérité cent fois plus de gloire en mourant sous des boulevards inaccessibles, que n'en ont acquis leurs ennemis, qui en se défendant contr'eux avec sureté, les immoloient sans danger & sans peine.

Que dirai-je de ceux qui sont morts à la journée de Dettingue, journée si bien préparée & si mal conduite, & dans laquelle il ne manqua au Général que d'être obéi pour mettre fin à la guerre? parmi ceux dont l'histoire célébrera la valeur inutile & la mort malheureuse, oubliera-t-on un jeune Bouflers, un enfant de dix ans, qui dans cette bataille a une jambe cassée, qui la fait couper sans se plaindre, & qui meurt de même; exemple d'une fermeté rare parmi les guerriers, & unique à cet âge!

Si nous tournons les yeux sur des actions, non pas plus hardies, mais plus fortunées : que de héros dont les exploits & les noms doivent être sans cesse dans notre bouche? que de terrains arrosés du plus beau sang, & célebres par des triomphes! Là s'élevoient contre nous cent boulevards qui ne sont plus ; que sont devenus ces ouvrages de Fribourg, baignés de sang, écroulés sous leurs défenseurs, entourés des cadavres des assiégeans? on voit encore les remparts de Namur & ces châteaux qui font dire au voyageur étonné, comment a-t-on réduit cette forteresse qui touche aux nues ? on voit Ostende qui jadis soutenoit des siéges de trois années, & qui s'est rendue en cinq jours à nos armes victorieuses. Chaque plaine, chaque ville de ces contrées

est

est un monument de notre gloire. Mais que cette gloire a coûté !

O peuples heureux, donnez au moins à des compatriotes qui ont expiré, victimes de cette gloire, ou qui survivent encore à une partie d'eux-mêmes, les récompenses que leurs cendres ou leurs blessures vous demandent. Si vous les refusiez, les arbres, les campagnes de la Flandre prendroient la parole pour vous dire : c'est ici que ce modeste & intrépide Luttaux, chargé d'années & de service, déja blessé de deux coups, affaibli & perdant son sang, s'écria : *Il ne s'agit pas de conserver sa vie, il faut en rendre les restes utiles*, & ramenant au combat des troupes dispersées, reçut le coup mortel qui le mit enfin au tombeau. C'est-là que le Colonel des Gardes Françaises en allant le premier reconnaître les ennemis, fut frappé le premier dans cette journée meurtriere, & périt en faisant des souhaits pour le Monarque & pour l'Etat. Plus loin est mort le neveu de ce célebre Archevêque de Cambrai, l'héritier des vertus de cet homme unique qui rendit la vertu si aimable.

O qu'alors les places des peres deviennent à bon droit l'héritage des enfans ! qui peut sentir la moindre atteinte de l'envie, quand sur les remparts de Tournay un de ces tonnerres souterrains qui trompent la valeur & la prudence, ayant emporté les membres sanglans & dispersés du Colonel de Normandie, ce Régiment est donné le jour même à son jeune fils, & ce corps invincible ne crut point avoir changé de conducteur. Ainsi cette troupe étrangere devenue si nationale, qui porte le nom de Dillon, a vû les enfans & les freres succéder rapidement à leurs peres & à leurs freres tués dans les batailles ; ainsi le brave d'Aubeterre, le seul Colonel tué au siége de Bruxelles, fut remplacé par son valeureux freré. Pourquoi faut-il que la mort nous l'enleve encore ?

Le Gouvernement de la Flandre, de ce théâtre éternel de combats, est devenu le juste partage du guerrier qui, à peine au sortir de l'enfance, avoit tant de fois en un jour exposé sa vie à la bataille de Rocou. Son pere marcha à côté de lui à la tête de son Régiment, & lui apprit à commander & à vaincre ; la mort qui respecta ce pere généreux & tendre dans cette bataille, où elle fut à tout moment autour d'eux, l'attendoit dans Gènes sous une forme différente, c'est-là qu'il a péri avec la douleur de ne pas verser son sang sur les bastions de la ville assiégée, mais avec la consolation de laisser Gènes libre, & emportant dans la tombe le nom de son libérateur.

De quelque côté que nous tournions nos regards, soit sur cette ville délivrée, soit sur le Pô & sur le Tesin, sur la cime des Alpes, sur les bords de l'Escaut, de la Meuse & du Danube, nous ne verrons que des actions dignes de l'immortalité, ou des morts qui demandent nos éternels regrets.

Il faudroit être stupide pour ne pas admirer, & barbare pour n'être pas attendri. Mettons-nous un moment à la place d'une épouse craintive, qui embrasse dans ses enfans l'image du jeune époux qu'elle aime, tandis que ce guerrier qui avoit cherché le péril en tant d'occasions, & qui avoit été blessé tant de fois, marche aux ennemis dans les environs de Gènes, à la tête de sa brave troupe, cet homme qui, à l'exemple de sa famille, cultivoit les lettres & les armes, & dont l'esprit égaloit la valeur, reçoit le coup funeste qu'il avoit tant cherché, il meurt ; à cette nouvelle la triste moitié de lui-même s'évanouit au milieu de ses enfans, qui ne sentent pas encore leur malheur. Ici une mere & une épouse veulent partir pour aller secourir en Flandres un jeune héros dont la sagesse & la vaillance prématurée lui méritoient la tendresse du Dauphin, & sembloient lui
pro-

promettre une vie glorieuse; elles se flattent que leurs soins le rendront à la vie, & on leur dit: Il est mort. Quel moment, quel coup funeste pour la fille d'un Empereur infortuné, idolâtre de son époux, son unique consolation, son seul espoir dans une terre étrangère, quand on lui dit: vous ne reverrez jamais l'époux pour qui seul vous aimiez la vie.

Une mere vole sans s'arrêter en Flandre, dans les transes cruelles où la jette la blessure de son jeune fils. Déja dans la bataille de Rocou elle avoit vû son corps percé & déchiré d'un de ces coups affreux qui ne laissent plus qu'une vie languissante, cette fois elle est encore trop heureuse: elle rend grace au ciel de voir ce fils privé d'un bras lorsqu'elle trembloit de le trouver au tombeau.

Ne suivons ici ni l'ordre des tems ni celui de nos exploits & de nos pertes. Le sentiment n'a point de régles. Je me transporte à ces campagnes voisines d'Ausbourg, où le pere de ce jeune guerrier dont je parle, étoit abandonné d'un côté par les Bavarois que nous protégions, & pour qui la France avoit prodigué tant de sang & de trésors, de l'autre par les Hessois qui étoient à notre solde. Il falloit sauver les restes de notre Armée, & il sût les dérober à la poursuite d'un ennemi que le nombre & la trahison rendoient si supérieurs. Mais dans cette manœuvre habile nous perdons ce dernier rejetton de la maison de Rupelmonde, cet Officier si instruit & si aimable qui avoit fait l'étude la plus approfondie de la guerre, & qui réunissoit l'intrépidité de l'ame, la solidité & les graces de l'esprit, la douceur & la facilité du commerce; il laisse dans les larmes une épouse & une mere digne d'un tel fils, il ne leur reste plus de consolation sur la terre.

Maintenant esprits dédaigneux & frivoles, qui prodiguez une plaisanterie si insultante & si déplacée sur tout ce qui attendrit les ames nobles & sensibles; vous qui dans les événemens frappans dont dépend la destinée des

Royaumes, ne cherchez à vous signaler que par ces traits que vous appellez bons mots, & qui par là prétendez une espèce de supériorité dans le monde ; osez ici exercer ce misérable talent d'une imagination faible & barbare ; ou plutôt s'il vous reste quelque humanité, mêlez vos sentimens à tant de regrets & quelques pleurs à tant de larmes : mais êtes-vous dignes de pleurer ?

Que sur-tout ceux qui ont été les compagnons de tant de dangers, & les témoins de tant de pertes, ne prennent pas dans l'oisiveté voluptueuse de nos villes, dans la légereté du commerce, cette habitude trop commune à notre nation de répandre un air de frivolité & de dérision sur ce qu'il y a de plus glorieux dans la vie, & de plus affreux dans la mort ; voudroient-ils s'avilir ainsi eux-mêmes, & flétrir ce qu'ils ont tant d'intérêt d'honorer ?

Que ceux qui ne s'occupent que de nos froids & ridicules romans ; que ceux qui ont le malheur de ne se plaire qu'à ces puériles pensées plus fausses que délicates dont nous sommes tant rebattus, dédaignent ce tribut simple de regrets qui partent du cœur. Qu'ils se lassent de ces peintures vraies de nos grandeurs & de nos pertes, de ces éloges sincéres donnés à des noms, à des vertus qu'ils ignorent, je ne me lasserai point de jetter des fleurs sur les tombeaux de nos défenseurs ; j'éleverai encore ma faible voix ; je dirai : Ici a été tranchée dans sa fleur la vie de ce jeune guerrier dont les freres combattent sous nos étendarts, & dont le pere a protégé les arts à Florence sous une domination étrangere. Là fut percé d'un coup mortel le Marquis de Beauveau son cousin, quand le digne petit-fils du grand Condé forçoit la ville d'Ypre à se rendre. Accablé de douleurs incroyables, entouré de nos soldats qui se disputoient l'honneur de le porter ; il leur disoit d'une voix expirante : *Mes amis, allez où vous êtes nécessaires, allez combattre & laissez-moi mourir.*

Qui pourra célébrer dignement sa noble franchise, ses vertus civiles, ses connaissances, son amour des lettres, le goût éclairé des monumens antiques enseveli avec lui! Ainsi périssent d'une mort violente à la fleur de leur âge, tant d'hommes dont la patrie attendoit son avantage & sa gloire; tandis que d'inutiles fardeaux de la terre amusent dans nos jardins leur vieillesse oisive, du plaisir de raconter les premiers ces nouvelles désastreuses.

O destin! ô fatalité! nos jours sont comptés; le moment éternellement déterminé arrive qui anéantit tous les projets & toutes les espérances. Le Comte de Bissy prêt à jouir de ces honneurs tant desirés par ceux-même sur qui les honneurs sont accumulés, accourt de Gênes devant Mastrich, & le dernier coup tiré des remparts lui ôte la vie; il est la derniere victime immolée, au moment même que le ciel avoit prescrit pour la cessation de tant de meurtres. Guerre qui as rempli la France de gloire & de deuil, tu ne frappes pas seulement par tes traits rapides qui portent en un moment la destruction! Que de citoyens, que de parens & d'amis nous ont été ravis par une mort lente que les fatigues des marches, l'intempérie des saisons traînent après elles!

Tu n'es plus, ô douce espérance du reste de mes jours! ô ami tendre élevé dans cet invincible Régiment du Roi toujours conduit par des héros, qui s'est tant signalé dans les tranchées de Prague, dans la bataille de Fontenoy, dans celle de Lawfelt où il a décidé la victoire. La retraite de Prague pendant trente lieues de glaces, jetta dans ton sein les semences de la mort que mes tristes yeux ont vû depuis se développer; familiarisé avec le trépas, tu le sentis approcher avec cette indifférence que les philosophes s'efforçoient jadis ou d'acquérir ou de montrer; accablé de souffrances au dedans & au dehors, privé de la vûe, perdant chaque jour une partie de toi-même, ce n'étoit que par un excès de vertu que tu n'étois point malheureux, & cette vertu ne te coûtoit point d'effort. Je t'ai vû toujours le plus infortuné des hommes & le plus tranquille. On ignoreroit ce qu'on a perdu en toi, si le cœur d'un homme éloquent n'avoit fait l'éloge du tien dans un ouvrage consacré à l'amitié, & embelli par les charmes de la plus touchante poësie. Je n'étois point surpris que dans le tumulte des armes, tu cultivasses les lettres & la sagesse : ces exemples ne sont pas rares parmi nous. Si ceux qui n'ont que de l'ostentation ne t'imposerent jamais, si ceux qui dans l'amitié même ne sont conduits que par la vanité, révolterent ton cœur ; il y a des ames nobles & simples qui te ressemblent. Si la hauteur de tes pensées ne pouvoit s'abaisser à la lecture de ces ouvrages licentieux, délices passageres d'une jeunesse égarée à qui le sujet plaît plus que l'ouvrage, si tu méprisois cette foule d'écrits que le mauvais goût enfante ; si ceux qui ne veulent avoir que de l'esprit te paraissoient si peu de chose, ce goût solide t'étoit commun avec ceux qui soutiennent toujours la raison contre l'inondation de ce faux goût qui semble nous entraîner à la décadence. Mais par quel prodige avois-tu à l'age de vingt-cinq ans la vraie philosophie & la vraie éloquence, sans autre étude que le secours de quelques bons livres ? comment avois-tu pris un essort si haut dans le siècle des petitesses ! & comment la simplicité d'un enfant timide couvroit-elle cette profondeur & cette force de génie ! Je sentirai long-tems avec amertume le prix de ton amitié, à peine en ai-je goûté les charmes ; non pas de cette amitié vaine qui naît dans les vains plaisirs, qui s'envole avec eux & dont on a toujours à se plaindre, mais de cette amitié solide & courageuse la plus rare des vertus. C'est ta perte qui mit dans mon cœur ce dessein de rendre quelque honneur aux cendres de tant de défenseurs de l'Etat, pour élever aussi un monument à la tienne. Mon cœur rempli de toi a cherché cette consolation sans prévoir à quel usage ce discours sera destiné,

ni

ni comment il sera reçu de la malignité humaine qui à la vérité épargne d'ordinaire les morts, mais qui quelquefois aussi insulte à leurs cendres, quand c'est un prétexte de plus de déchirer les vivans.

1 Juin 1748.

Le jeune homme qu'on regrette ici avec tant de raison est M. de Vauvenargues, long-tems Capitaine au Régiment du Roi. Je ne sai si je me trompe, mais je crois qu'on trouvera dans la seconde édition de son livre, plus de cent pensées qui caractérisent la plus belle ame, la plus profondément philosophe, la plus dégagée de tout esprit de parti.

Que ceux qui pensent, méditent les maximes suivantes :

La raison nous trompe plus souvent que la nature.

Si les passions font plus de fautes que le jugement, c'est par la même raison que ceux qui gouvernent font plus de fautes que les hommes privés.

✱

Les grandes pensées viennent du cœur.
(C'est ainsi que sans le savoir, il se peignoit lui-même.)

La conscience des mourans calomnie leur vie.

La fermeté ou la foiblesse à la mort dépend de la derniere maladie.
(J'oserois conseiller qu'on lût les maximes qui suivent celles-ci, & qui les expliquent.)

La pensée de la mort nous trompe, car elle nous fait oublier de vivre.

✱

La plus fausse de toutes les philosophies est celle qui, sous prétexte d'affranchir les hommes des embarras des passions, leur conseille l'oisiveté.

✱

Nous devons peut-être aux passions les plus grands avantages de l'esprit.

Ce qui n'offense pas la société n'est pas du ressort de la justice.

✻

Quiconque est plus sévère que les loix est un tyran.

✻

On voit, ce me semble, par ce peu de pensées que je rapporte, qu'on ne peut pas dire de lui ce qu'un des plus aimables esprits de nos jours a dit de ces philosophes de parti, de ces nouveaux Stoïciens qui en ont imposé aux faibles:

  Ils ont eu l'art de bien connaître
  L'homme qu'ils ont imaginé,
  Mais ils n'ont jamais deviné
  Ce qu'il est, ni ce qu'il doit être.

J'ignore si jamais aucun de ceux qui se sont mêlés d'instruire les hommes, a rien écrit de plus sage que son chapitre sur le bien & sur le mal moral. Je ne dis pas que tout soit égal dans ce livre; mais si l'amitié ne me fait pas illusion, je n'en connais guéres qui soit plus capable de former une âme bien née & digne d'être instruite. Ce qui me persuade encore qu'il y a des choses excellentes dans cet ouvrage, que M. de Vauvenargues nous a laissé, c'est que je l'ai vû méprisé par ceux qui n'aiment que les jolies phrases & le faux bel esprit.

DES
MENSONGES
IMPRIMES.

DES
MENSONGES
IMPRIMÉS.

On peut aujourd'hui diviser les habitans de l'Europe en lecteurs & en auteurs, comme ils ont été divisés pendant sept ou huit siècles en petits tyrans barbares qui portoient un oiseau sur le poing, & en esclaves qui manquoient de tout.

Il y a environ deux cens cinquante ans que les hommes se sont ressouvenus petit à petit qu'ils avoient une âme; chacun veut lire, ou pour fortifier cette âme, ou pour l'orner, ou pour se vanter d'avoir lû. Lorsque les Hollandais s'apperçurent de ce nouveau besoin de l'espece humaine, ils devinrent les facteurs de nos pensées, comme ils l'étoient de nos vins & de nos sels. Et tel libraire d'Amsterdam qui ne savoit pas lire, gagna un million, parce qu'il y avoit quelques Français qui se mêloient d'écrire. Ces marchands s'informoient par leurs correspondans, des denrées qui avoient le plus de cours, & selon le besoin ils commandoient à leurs ouvriers des histoires ou des romans, mais principalement

ment des histoires, parce qu'après tout on ne laisse pas de croire qu'il y a toujours un peu plus de vérité dans ce qu'on appelle Histoire nouvelle, Mémoires historiques, Anecdotes, que dans ce qui est intitulé Roman. C'est ainsi que sur des ordres de marchands de papier & d'encre, leurs metteurs en œuvre composerent les mémoires d'Artagnan, de Pointis, de Vordac, de Rochefort, & tant d'autres, dans lesquels on trouve au long tout ce qu'ont pensé les Rois ou les Ministres quand ils étoient seuls, & cent mille actions publiques dont on n'avoit jamais entendu parler. Les jeunes Barons Allemands, les Palatins Polonais, les Dames de Stokolm & de Copenhague lisent ces livres, & croyent y apprendre ce qui s'est passé de plus secret à la cour de France.

Varillas étoit fort au dessus des nobles auteurs dont je parle, mais il se donnoit d'assez grandes libertés. Il dit un jour à un homme qui le voyoit embarrassé: J'ai trois Rois à faire parler ensemble; ils ne se sont jamais vûs, & je ne sai comment m'y prendre. Quoi donc, lui dit l'autre, est-ce que vous faites une tragédie?

Tout le monde n'a pas le don de l'invention. On fait imprimer in-12 les Fables de l'histoire ancienne, qui étoient ci-devant in-folio. Je crois que l'on peut retrouver dans plus de deux cens auteurs les mêmes prodiges opérés & les mêmes prédictions faites du tems que l'astrologie étoit une science. On nous redira peut-être encore que deux Juifs, qui sans doute ne savoient que vendre de vieux habits & rogner de vieilles espèces, promirent l'Empire à Léon l'Isaurien, & exigerent de lui qu'il abattit les images des Chrétiens quand il seroit sur le trône; comme si un Juif se soucioit beaucoup que nous eussions ou non des images. Je ne désespere pas qu'on ne réimprime que Mahomet II. surnommé le
Grand,

Grand, le Prince le plus éclairé de son tems, & le rémunérateur le plus magnifique des arts, mit tout à feu & à sang dans Constantinople, (qu'il préserva pourtant du pillage) abattit toutes les églises, (dont en effet il conserva la moitié,) fit empaler le Patriarche, lui qui rendit à ce même Patriarche plus d'honneurs qu'il n'en avoit reçu des Empereurs Grecs : qu'il fit éventrer quatorze pages, pour savoir qui d'eux avoit mangé un melon, & qu'il coupa la tête à sa maitresse pour réjouir ses Janissaires. Ces histoires dignes de Robert-le-diable & de Barbe bleue, sont vendues tous les jours avec approbation & privilege.

Des esprits plus profonds ont imaginé une autre maniere de mentir. Ils se sont établis héritiers de tous les grands Ministres, & se sont emparés de tous les testamens. Nous avons vû les testamens des Colbert & des Louvois, donnés comme des piéces authentiques par des politiques rafinés qui n'étoient jamais entrés seulement dans l'antichambre d'un bureau de la guerre ni des finances. Le testament du Cardinal de Richelieu fait par une main un peu moins mal-habile, a eu plus de fortune, & l'imposture a duré très-long-tems. C'est un plaisir surtout de voir dans des recueils de harangues, quels éloges on a prodigués à *l'admirable* testament de cet *incomparable* Cardinal : on y trouvoit toute la profondeur de son génie ; & un imbécile qui l'avoit bien lû & qui en avoit même fait quelques extraits, se croyoit capable de gouverner le monde.

J'eus quelques soupçons dès ma jeunesse, que l'ouvrage étoit d'un faussaire qui avoit pris le nom du Cardinal de Richelieu pour débiter ses rêveries ; je fis demander chez tous les héritiers de ce Ministre, si on avoit quelque notion que le manuscrit du testament eût jamais été dans leur maison ; on répondit unanimement que personne n'en avoit eu la moindre connaissance

sance avant l'impression. J'ai fait depuis les mêmes perquisitions, & je n'ai pas trouvé le moindre vestige du manuscrit ; j'ai consulté la bibliothèque du Roi, les dépôts des Ministres, jamais je n'ai vû personne qui ait seulement entendu dire qu'on ait jamais vû une ligne du manuscrit du Cardinal. Tout cela fortifia mes soupçons, & voici les présomptions & les raisons qui me persuadent que le Cardinal n'a pas la plus petite part à cet ouvrage.

1°. Le testament ne parut que 38 ans après la mort de son auteur prétendu. L'éditeur dans sa préface ne dit point comment le manuscrit est tombé dans ses mains. Si le manuscrit eût été authentique, il étoit de son devoir & de son intérêt d'en donner la preuve, de le déposer dans quelque bibliothèque publique, de le faire voir à quelque homme en place. Il ne prend aucune de ces mesures, (que sans doute il ne pouvoit prendre) & cela seul doit lui ôter tout crédit.

2°. Le stile est entierement différent de celui du Cardinal de Richelieu. On a cru y reconnaître la main de l'Abbé de Bourzeis, mais il est plus aisé de dire de qui ce livre n'est pas, que de prouver de qui il est.

3°. Non-seulement on n'a pas imité le stile du Cardinal de Richelieu, mais on a l'imprudence de le faire signer *Armand Duplessis*, lui qui n'a de sa vie signé de cette maniere.

4°. Dès le premier chapitre on voit une fausseté révoltante. On y suppose la paix faite, & non-seulement on étoit alors en guerre, mais le Cardinal de Richelieu n'avoit nulle envie de faire la paix. Une pareille absurdité est une conviction manifeste de faux.

5°. Aux louanges ridicules que le Cardinal se donne à lui-même dans ce premier chapitre & qu'un homme de

---

Une partie de ces réflexions avoit déja paru dans les papiers publics.

de bon sens ne se donne jamais, on ajoute une condamnation encore plus indécente, de ceux qui étoient dans le conseil quand le Cardinal y entra. On y apelle le Duc de Mantoue, *ce pauvre Prince*. Quand on y mentionne les intrigues que trama la Reine Mere pour perdre le Cardinal, on dit la *Reine* tout court, comme s'il s'agissoit de la Reine Epouse du Roi. On y nomme la Marquise du Fargis, femme de l'Ambassadeur en Espagne, & favorite de la Reine Mere, *la Fargis* comme, si le Cardinal de Richelieu eût parlé de Marion de Lorme ; il n'appartient qu'à quelques pédans grossiers qui ont écrit des histoires de Louis XIV, de dire la Montespan, la Maintenon, la Fontange, la Portsmouth. Un homme de qualité & aussi poli que le Cardinal de Richelieu, n'eut pas assurément tombé dans de telles indécences. Je ne prétends pas donner à cette probabilité plus de poids qu'elle n'en a ; je ne la regarde pas comme une raison décisive, mais comme une conjecture assez forte.

6°. Voici une preuve qui me paraît entièrement convaincante. Le testament dit au chapitre premier, que les cinq dernieres années de la guerre ont couté chacune *soixante millions de livres* de ce tems-là, sans moyens extraordinaires, & dans le chapitre neuf, il dit, qu'il entre dans l'épargne *trente-cinq millions* tous les ans. Que peut-on opposer à une contradiction si formelle ? n'y découvre-t-on pas évidemment un faussaire qui écrit à la hâte, & qui oublie au neuvième chapitre ce qu'il a dit dans le premier.

7°. Quel est l'homme de bon sens qui pourra penser qu'un Ministre propose au Roi de réduire les dépenses secrettes de ce qu'on apelle *comptant* à un million d'or ? Que veut dire ce mot vague un million d'or ? ces expressions sont bonnes pour un homme qui compile l'histoire ancienne sans entendre ce que valent les espèces :
est-ce

eſt-ce un million de livres d'or, de marcs d'or,] de Louis d'or ? dans ce dernier cas, qui eſt le plus favorable, le million d'or comptant auroit monté à vingt-deux millions de nos livres numéraires d'aujourd'hui; & c'étoit une plaiſante réduction qu'une dépenſe qui auroit monté alors à près du tiers du révenu de l'état.

D'ailleurs eſt-il croyable qu'un Miniſtre inſiſte ſur l'abolition de ce comptant ? c'étoit une dépenſe ſecrette dont le Miniſtre étoit le maître abſolu. C'étoit le plus cher privilege de ſa place.

L'affaire des comptans ne fit du bruit que du tems de la diſgrace du célebre Fouquet qui avoit abuſé de ce droit du Miniſtère. Qui ne voit que le teſtament prétendu du Cardinal de Richelieu n'a été forgé qu'après l'avanture de Monſieur Fouquet ?

8°. Eſt-il encore d'un Miniſtre d'apeller les rentes conſtituées au denier vingt *les rentes au denier cinq*? Il n'y a pas de clerc de notaire qui tombât dans cette mépriſe abſurde. Une rente au denier cinq produiroit la cinquiéme partie du capital. Un fond de cent mille francs produiroit vingt mille francs d'intérêt, il n'y a jamais eu de rentes à ce prix. Les rentes au denier vingt produiſent cinq pour cent, mais ce n'eſt pas là le denier cinq. Il eſt clair que le teſtament eſt l'ouvrage d'un homme qui n'avoit pas de rentes ſur la Ville.

9°. Il parait évident que tout le chapitre neuf, où il eſt queſtion de la finance eſt d'un faiſeur de projets, qui dans l'oiſiveté de ſon cabinet, bouleverſe paiſiblement tout le ſiſtême du gouvernement, ſuprime les gabelles, fait payer la taille au parlement, rembourſe les charges ſans avoir dequoi les rembourſer. Il eſt aſſurément bien étrange qu'on ait oſé mettre ces chimères ſous le nom d'un grand Miniſtre, & que le public y ait été trompé. Mais où ſont les hommes qui liſent avec attention ? je n'ai gueres vû perſonne lire avec un profond

fond examen autre chose que les mémoires de ses propres affaires. Delà vient que l'erreur domine dans tout l'univers. Si l'on mettoit autant d'attention dans la lecture, qu'un bon économe en apporte à voir les comptes de son maître d'hôtel, de combien de sottises ne seroit-on pas détrompé?

10°. Est-il vraisemblable qu'un homme d'Etat qui se propose un ouvrage aussi solide, dise *que le Roi d'Espagne en secourant les Huguenots, avoit rendu les Indes tributaires de l'enfer ; que les gens de Palais mesurent la couronne du Roi par sa forme qui étant ronde n'a point de fin ; que les élémens n'ont de pesanteur, que lorsqu'ils sont en leur lieu ; que le feu, l'air ni l'eau ne peuvent soutenir un corps terrestre, parce qu'il est pesant hors de son lieu ;* & cent autres absurdités pareilles; dignes d'un professeur de rhétorique de province dans le seiziéme siecle, ou d'un répétiteur Irlandais qui dispute sur les bancs.

11°. Se persuadera-t-on que le premier Ministre d'un Roi de France ait fait un chapitre tout entier pour engager son maître à se priver du droit de régale dans la moitié des Evêchés de son Royaume, Droits dont les Rois ont été si jaloux?

12°. Seroit-il possible que dans un testament politique adressé à un Prince âgé de quarante ans passés, un Ministre tel que le Cardinal de Richelieu eût dit tant d'absurdités quand il entre dans les détails, & n'eût en général annoncé que des vérités triviales, faites pour un enfant qu'on éleve, & non pour un Roi qui régnoit depuis trente années. Il assure *que les Rois ont besoin de conseils ; qu'un conseiller d'un Roi doit avoir de la capacité & de la probité ; qu'il faut suivre la raison, établir le regne de Dieu ; que les intérêts publics doivent être préférés aux particuliers ; que les flatteurs sont dangereux ; que l'or & l'argent sont nécessaires..* Voila de grandes maximes d'Etat à enseigner à un Roi de quarante ans ! Voila des vérités d'une finesse & d'une profondeur dignes du Cardinal de Richelieu !

13°. Qui croiroit enfin que le Cardinal de Richelieu ait recommandé à Louis XIII. la pureté & la chasteté par son testament politique ? lui qui avoit eu publiquement tant de maîtresses, & qui, si l'on en croit les mémoires du Cardinal de Rets & de tous les courtisans de ce tems-là, avoit porté la témérité de ses désirs jusqu'à des objets qui devoient l'effrayer & le perdre.

Qu'on pese toutes ces raisons, & qu'après on attribue ce livre, si on l'ose, au Cardinal de Richelieu.

On n'a pas été moins trompé au testament de Charles IV. Duc de Lorraine, on a cru y reconnaître l'esprit de ce Prince, mais ceux qui étoient au fait, y reconnurent l'esprit de M. de Chevremont qui le composa.

Après ces faiseurs de testamens viennent les auteurs d'anecdotes. Nous avons une petite histoire imprimée en 1700. de la façon d'une Mademoiselle Durand, personne fort instruite, qui porte pour titre : Histoire des amours de Grégoire VII. du Cardinal de Richelieu, de la Princesse de Condé, & de la Marquise Durfé. J'ai lû, il y a quelques années, les amours du révérend Pére de la Chaise, Confesseur de Louis XIV.

Une très-honorable Dame réfugiée à la Haye, composa au commencement de ce siécle six gros volumes de Lettres d'une Dame de qualité de province, & d'une Dame de qualité de Paris, qui se mandoient familierement les nouvelles du tems. Or, dans ces nouvelles du tems, je peux assurer qu'il n'y en a pas une de véritable. Toutes les prétendues avantures du Chevalier de Bouillon, connu depuis sous le nom de Prince d'Auvergne, y sont rapportées avec toutes leurs circonstances. J'eus la curiosité de demander un jour à M. le Chevalier de Bouillon, s'il y avoit quelque fondement dans ce que Madame Dunoyer avoit écrit sur son compte. Il me jura que tout étoit un tissu de faussetés. Cette Dame avoit ramassé les sottises du peuple, & dans les pays étrangers elles passoient pour l'histoire de la Cour.

Quelquefois les auteurs de pareils ouvrages font plus de mal qu'ils ne pensent. Il y a quelques années qu'un homme de ma connaissance ne sachant que faire, imprima un petit livre dans lequel il disoit qu'une personne célebre avoit péri par le plus horrible des assassinats: j'avois été témoin du contraire; je représentai à l'auteur combien les loix divines & humaines l'obligeoient de se rétracter; il me le promit: mais l'effet de son livre dure encore, & j'ai vû cette calomnie répetée dans de prétendues histoires du siecle.

Il vient de paraitre un ouvrage politique à Londres, la ville de l'univers où l'on débite les plus mauvaises nouvelles, & les plus mauvais raisonnemens sur les nouvelles les plus fausses. *Tout le monde sait*, dit l'auteur (pag. 17,) *que l'Empereur Charles VI. est mort empoisonné dans de l'aqua tuffana; on sait que c'est un Espagnol qui étoit son page favori, & auquel il a fait un legs par son testament, qui lui donna le poison. Les magistrats de Milan qui ont reçu les dépositions de ce page quelque tems avant sa mort & qui les ont envoyées à Vienne, peuvent nous apprendre quels ont été ses instigateurs & ses complices, & je souhaite que la Cour de Vienne nous instruise bientôt des circonstances de cet horrible crime.*

Je crois que la Cour de Vienne fera attendre longtems les instructions qu'on lui demande sur cette chimere. Ces calomnies toujours renouvellées me font souvenir de ces vers:

Les oisifs courtisans que leurs chagrins dévorent,
S'efforcent d'obscurcir les astres qu'ils adorent;
Si l'on croit de leurs yeux le regard pénétrant,
Tout Ministre est un traitre & tout Prince un tiran;
L'hymen n'est entouré que de feux adulteres;
Le frere à ses rivaux est vendu par ses freres;
Et sitôt qu'un grand Roi penche vers son déclin,
Ou son fils ou sa femme ont hâté son destin.
Qui croit toujours le crime en paraît trop capable.

Voila comment sont écrites les histoires prétendues du siecle.

La guerre de 1702 & celle de 1741, ont produit autant de mensonges dans les livres, qu'elles ont fait périr de soldats dans les campagnes ; on a redit cent fois & on redit encore, que le Ministere de Versailles avoit fabriqué le testament de Charles II. Roi d'Espagne. Des anecdotes nous apprennent que le dernier Maréchal de la Feuillade manqua exprès Turin, & perdit sa réputation, sa fortune & son Armée par un grand trait de courtisan ; d'autres nous certifient qu'un Ministre fit perdre une bataille par politique. On vient de réimprimer dans les transactions de l'Europe qu'à la bataille de Fontenoi nous chargions nos canons avec de gros morceaux de verre, & des métaux venimeux : que le Général Cambel ayant été tué d'une de ces volées empoisonnées, le Duc de Cumberland envoya au Roi de France, dans un coffre, le verre & les métaux qu'on avoit trouvés dans sa plaie, qu'il mit dans ce coffre une lettre dans laquelle il disoit au Roy, *que les nations les plus barbares ne s'étoient jamais servies de pareilles armes*, & que le Roi frémit à la lecture de cette lettre. Il n'y a ni ombre de vérité ni de vraisemblance à tout cela. On ajoute à ces absurdes mensonges, que nous avons massacré de sang froid les Anglais blessés qui resterent sur le champ de bataille, tandis qu'il est prouvé par les registres de nos hôpitaux, que nous eûmes soin d'eux comme de nos propres soldats. Ces indignes impostures prennent crédit dans plusieurs provinces de l'Europe, & servent d'aliment à la haine des nations.

Combien de mémoires secrets, d'histoires de campagnes, de journaux de toutes les façons, dont les préfaces annoncent l'impartialité la plus équitable, & les connaissances les plus parfaites ? On diroit que ces ouvrages sont faits par des Plénipotentiaires à qui les Ministres de tous les Etats & les Généraux de toutes les Armées, ont remis leurs mémoires. Entrez chez un de ces grands Plénipotentiaires, vous trouverez un pauvre scribe en robe de chambre & en bonet de nuit, sans meubles & sans feu, qui compile & qui altere des gazettes.

Quelquefois ces Messieurs prennent une puissance sous leur protection; on sait le conte qu'on a fait d'un de ces écrivains qui à la fin d'une guerre demanda une récompense à l'Empereur Leopold, pour lui avoir entretenu sur le Rhin une Armée complette de cinquante mille hommes pendant cinq ans. Ils déclarent aussi la guerre & font des actes d'hostilité, mais ils risquent d'être traités en ennemis. Un d'eux nommé Dubourg, qui tenoit son bureau dans Francfort, y fut malheureusement arrêté par un Officier de notre Armée en 1748, & conduit au mont S. Michel où il est mort dans une cage. Mais cet exemple n'a point refroidi le magnanime courage de ses confreres.

Une des plus nobles supercheries & des plus ordinaires, est celle des écrivains qui se transforment en Ministres d'Etat, & en Seigneurs de la Cour du pays dont ils parlent. On nous a donné une grosse histoire

K 3   de

de Louis XIV. écrite sur les mémoires d'un Miniſtre d'État. Ce Miniſtre étoit un Jéſuite chaſſé de ſon ordre, qui s'étoit réfugié en Hollande ſous le nom de la Hode, qui s'eſt fait enſuite Secrétaire d'État de France en Hollande pour avoir du pain.

Comme il faut toujours imiter les bons modèles, & que le Chancelier Clarendon & le Cardinal de Rets ont fait des portraits des principaux perſonnages avec leſquels ils avoient traité, on ne doit pas s'étonner que les écrivains d'aujourd'hui, quand ils ſe mettent aux gages d'un libraire, commencent par donner tout au long des portraits fidèles des Princes de l'Europe, des Miniſtres, & des Généraux dont ils n'ont jamais vû paſſer la livrée. Un auteur Anglais dans les annales de l'Europe, imprimées & réimprimées, nous aſſure que Louis XV. *n'a pas cet air de grandeur qui annonce un Roi.* Cet homme aſſurément eſt difficile en phiſionomies. Mais en récompenſe il dit que le Cardinal de Fleury avoit l'air d'une noble confiance. Et il eſt auſſi exact ſur les caractères & ſur les faits que ſur les figures : il inſtruit l'Europe que le Cardinal de Fleury donna ſon titre de Premier-Miniſtre (qu'il n'a jamais eû) à M. le Comte de Touloufe. Il nous apprend que l'on n'envoya l'Armée du Maréchal de Maillebois en Bohême, que parce qu'une *Demoiſelle* de la Cour avoit laiſſé une lettre ſur ſa table, & que cette lettre fit connaître la ſituation des affaires ; il dit que le Comte d'Argenſon ſuccéda dans le Miniſtere de la guerre à M. Amelot. Je crois que ſi on vouloit raſſembler tous les livres écrits dans ce goût, pour ſe mettre un peu au fait des anecdotes de l'Europe, on feroit une bibliotheque immenſe, dans laquelle il n'y auroit pas dix pages de vérité.

Une

Une autre partie considérable du commerce du papier, imprimé, est celle des livres qu'on a apellés Polémiques, par excellence; c'est-à-dire, de ceux dans lesquels on dit des injures à son prochain pour gagner de l'argent. Je ne parle pas des factums des avocats qui ont le noble droit de décrier tant qu'ils peuvent la partie adverse, & de diffamer loyallement des familles; je parle de ceux qui en Angleterre, par exemple, excités par un amour ardent de la patrie, écrivent contre le Ministere des Philippiques de Démosthènes dans leurs greniers. Ces pieces se vendent deux sous la feuille, on en tire quelquefois quatre mille exemplaires; & cela fait toujours vivre un citoyen éloquent un mois ou deux. J'ai ouï conter à M. le Chevalier Walpole, qu'un jour un de ces Démosthènes à deux sous par feuille n'ayant point encore pris de parti dans les différens du Parlement, vint lui offrir sa plume pour écraser tous ses ennemis; le Ministre le remercia poliment de son zèle, & n'accepta point ses services. Vous trouverez donc bon, lui dit l'écrivain, que j'aille offrir mon secours à votre antagoniste M. Pultney. Il y alla aussi-tôt, & fut éconduit de même. Alors il se déclara contre l'un & l'autre; il écrivoit le lundi contre M. Walpole, & le mecredi contre M. Pultney. Mais après avoir subsisté honorablement les premieres semaines, il finit par demander l'aumône à leurs portes.

Le célebre Pope fut traité de son tems comme un Ministre; sa réputation fit juger à beaucoup de gens de lettres, qu'il y auroit quelques choses à gagner avec lui. On imprima à son sujet pour l'honneur de la littérature & pour avancer les progrès de l'esprit humain, plus de cent libelles dans lesquels on lui prouvoit qu'il étoit Athée; & ce qui est plus fort,

fort, en Angleterre on lui reprocha d'être catholique. On affura quand il donna fa traduction d'Homere, qu'il n'entendoit point le grec, parce qu'il étoit puant & boffu. Il eft vrai qu'il étoit boffu, mais cela n'empêchoit pas qu'il ne fût très-bien le grec, & que fa traduction d'Homere ne fut fort bonne. On calomnia fes mœurs, fon éducation, fa naiffance ; on s'attaqua à fon pere & à fa mere. Ces libelles n'avoient point de fin. Pope eut quelquefois la faibleffe de répondre, cela groffit la nuée des libelles. Enfin il prit le parti de faire imprimer lui-même un petit abrégé de toutes ces belles pieces. Ce fut un coup mortel pour les écrivains qui jufques-là avoient vécu affez honnêtement des injures qu'ils lui difoient; on ceffa de les lire, & on s'en tint à l'abrégé, ils ne s'en releverent pas.

J'ai été tenté d'avoir beaucoup de vanité quand j'ai vû que nos grands écrivains en ufoient avec moi comme on en avoit agi avec Pope. Je peux dire que j'ai valu des honoraires affez paffables, à plus d'un auteur. J'avois, je ne fai comment, rendu à l'illuftre Abbé Desfontaines un léger fervice. Mais comme ce fervice ne lui donnoit pas dequoi vivre, il fe mit d'abord un peu à fon aife, au fortir de la maifon dont je l'avois tiré, par une douzaine de libelles contre moi, qu'il ne fit à la vérité que pour l'honneur des lettres & par un excès de zèle pour le bon goût. Il fit imprimer la Henriade, dans laquelle il inféra des vers de fa façon, & enfuite il critiqua ces mêmes vers qu'il avoit faits. J'ai foigneufement confervé une lettre que m'écrivit un jour un auteur de cette trempe. *Monfieur, j'ai fait imprimer un Libelle contre vous, il y en a quatre cens exemplaires; fi vous voulez m'envoyer 400. liv. je vous remettrai tous les*

les exemplaires fidèlement. Je lui mandai que je me donnerois bien de garde d'abuser de sa bonté, que ce seroit un marché trop désavantageux pour lui, & que le débit de son livre lui vaudroit beaucoup davantage; je n'eus pas lieu de me repentir de ma génerosité.

Il est bon d'encourager les gens de lettres inconnus, qui ne savent où donner de la tête. Une des plus charitables actions qu'on puisse faire en leur faveur, est de donner une tragédie au public. Tout aussi-tôt vous voyez éclore des Lettres à des Dames de qualité; Critique impartiale de la piece nouvelle; Lettre d'un ami à un ami; Examen réfléchi; Examen par scenes; & tout cela ne laisse pas de se vendre.

Mais le plus sur secret pour un honnête libraire, c'est d'avoir soin de mettre à la fin des ouvrages qu'il imprime, toutes les horreurs & toutes les bétises qu'on a imprimées contre l'auteur. Rien n'est plus propre à piquer la curiosité du lecteur & à favoriser le débit: je me souviens que parmi les détestables éditions qu'on a faites en Hollande de mes prétendus ouvrages, un éditeur habile d'Amsterdam voulant faire tomber une édition de la Haye, s'avisa d'ajouter un recueil de tout ce qu'il avoit pu ramasser contre moi. Les premiers mots de ce recueil disoient *que j'étois un chien rogneux.* Je trouvai ce livre à Magdebourg entre les mains du maître de la poste, qui ne cessoit de me dire combien il trouvoit ce petit morceau éloquent.

En dernier lieu, deux libraires d'Amsterdam pleins de probité, après avoir défiguré tant qu'ils avoient pû la Henriade & mes autres pieces, me firent l'honneur de m'écrire que si je permettois qu'on fit à

Dresde une meilleure édition de mes ouvrages qu'on avoit entreprise alors, ils seroient obligés en conscience d'imprimer contre moi un volume d'injures atroces, avec le plus beau papier, la plus grande marge & le meilleur caractère qu'ils pourroient. Ils m'ont tenu fidèlement parole. Ils ont eu même l'attention d'envoyer leur beau recueil à un des plus respectables Monarques de l'Europe, à la Cour duquel j'avois alors l'honneur d'être. Le Prince a jetté leur livre au feu, en disant qu'il falloit traiter ainsi Messieurs les Editeurs. Il est vrai qu'en France ces honnêtes gens seroient envoyés aux galeres. Mais ce seroit trop gêner le commerce qu'il faut toujours favoriser.

DES
TITRES.

DES TITRES.

En relisant Horace j'ai remarqué ce vers dans une Epitre à Mécene: *Te dulcis amice revisam.* J'iray vous voir mon cher ami. Ce Mécene étoit la seconde personne de l'Empire Romain, c'est-a-dire un homme plus considerable & plus puissant que ne l'est aujourd'hui le plus grand Monarque de l'Europe.

En relisant Corneille, j'ai remarqué que dans une lettre au grand Scuderi Gouverneur de nôtre Dame de la garde, il s'exprime ainsi au sujet du Cardinal de Richelieu, *Monsieur le Cardinal votre maître & le mien.* C'est peut-être la premiere fois qu'on a parlé ainsi d'un Ministre, depuis qu'il y a dans le monde des Ministres, des Rois, & des flatteurs. Le même Pierre Corneille auteur de Cinna, dedie humblement ce Cinna au Sieur de Montauron Treforier de l'epargne qu'il compare fans façon à Auguste. Je fuis faché qu'il n'ait pas apellé Montauron Monfeigneur. On conte qu'un vieil Officier qui favoit peu le protocole de la vanité, ayant écrit au Marquis de Louvois, *Monfieur*, & n'ayant point eû de réponfe, lui écrivit Monfeigneur; & n'en obtint pas d'avantage, parce que le Miniftre avoit encor le *Monfieur* fur le cœur. Enfin il lui écrivit, *à mon Dieu, mon Dieu Louvois* & au commencement de la lettre il mit *mon Dieu mon Createur*. Tout cela ne prouve-t-il pas que les Romains du bon tems étoient grands & modeftes, & que nous fommes petits & vains?

Comment vous portez-vous mon cher ami, difoit un Duc & Pair à un Gentil-homme; à votre fervice mon cher ami, répondit l'autre; & dès ce moment il eût fon cher ami pour ennemi implacable. Un Grand de Portugal parloit à un Grand d'Efpagne; & lui difoit à tout moment *Votre Excellence*. Le Caftillan lui répondoit, votre Courtoifie; *vueftra merced*, c'eft le titre que l'on donne aux gens qui n'en n'ont pas. Le Portugais piqué apella l'Efpagnol à fon tour *Votre Courtoifie*; l'autre lui donna alors de l'Excellence. A la fin le Portugais laffé lui dit, pourquoi me donnez-vous toujours de la Courtoifie quand je vous donne de l'Excellence? & pourquoi m'apellez-vous Votre Excellence, quand je vous dis Votre Courtoifie? C'eft que tous les titres me font égaux répondit humblement le Caftillan, pourvû qu'il n'y ait rien d'egal entre vous & moi.

La vanité des titres ne s'introduifit dans nos climats feptentrionaux de l'Europe que quand les Romains eurent faits connaiffance avec l'impertinence Afiatique. Tous les Rois de l'Afie étoient, & font encor Coufins

Ger-

DES TITRES.

Germains du Soleil & de la Lune: leurs sujets n'osent jamais prétendre à cette alliance; & tel Gouverneur de Province qui s'intitule, Muscade de Consolation & Rose de Plaisir, seroit empalé, s'il se disoit parent le moins du monde de la Lune & du Soleil. Constantin fut je pense le premier Empereur Romain, qui chargea l'humilité chrétienne d'une page de noms fastueux. Il est vrai qu'avant lui, on donnoit du *Dieu* aux Empereurs. Mais ce mot *Dieu* ne signifioit rien d'aprochant de ce que nous entendons. Divus Augustus, Divus Trajanus, vouloient dire Saint Auguste, Saint Trajan. On croyoit qu'il étoit de la dignité de l'Empire Romain, que l'ame de son Chef allât au ciel après sa mort, & souvent même on acordoit le titre de Saint, de Divus, à l'Empereur, en avancement d'hoirie. C'est a peu près par cette raison, que les premiers Patriarches de l'Eglise Chrétienne s'apelloient tous, Votre Sainteté. On les nommoit ainsi pour les faire souvenir de ce qu'ils devoient être.

On se donne quelquefois à soi-même des titres fort humbles pour vû qu'on en reçoive de fort honorables. Tel Abbé qui s'intitule *Frere* se fait apeller Monseigneur par ses moines. Le Pape se nomme Serviteur des Serviteurs de Dieu; un bon prêtre du Holstein écrivit un jour au Pape Pie IV. *à Pie IV. Serviteur des Serviteurs de Dieu.* Il alla ensuite à Rome solliciter son affaire, & l'inquisition le fit mettre en prison pour lui aprendre à écrire.

Il n'y avoit autre fois que l'Empereur qui eût le titre de Majesté. Les autres Rois s'apelloient Votre Altesse, Votre Serenité, Votre Grace.

Louis XI. fut le premier en France qu'on apella communement *Majesté*, titre non moins convenable en éffet

éffet à la dignité d'un grand Royaume héreditaire qu'à une Principauté élective. Mais on se servoit du terme d'Altesse avec les Rois de France. Long-tems après lui, & on voit encor des lettres à Henri III. dans lesquelles on lui donne ce titre. Les Etats d'Orleans ne voulurent point que la Reine Catherine de Medicis fut apellée Majesté. Mais peu à peu cette derniere dénomination prévalut. Le nom est indiférent, il n'y a que le pouvoir qui ne le soit pas.

La Chancèlerie Allemande, toujours invariable dans ses nobles usages, prétend encor ne devoir traiter tous les Rois que de Sereuité, dans le fameux Traité de Westphalie, ou la France, & la Suede donnerent des loix au Saint Empire Romain. Jamais les Plenipotentiaires de l'Empereur ne présenterent de mémoires latins ou Sa Sacrée Majesté Imperiale ne traitât avec les Sereniſſimes Rois de France & de Suede, mais de leur côté les Français & les Suedois ne manquoient pas d'aſſurer que leurs Sacrées Majestés de France & de Suede avoient beaucoup de griefs contre le Sereniſſime Empereur. Enfin dans le Traité tout fut égal de part & d'autre. Les grands Souverains ont depuis ce tems paſſé dans l'opinion des peuples pour être tous égaux. Et celui qui a battu ses voisins a eû la préeminence dans l'opinion publique.

Philippe II. fut la premiere Majesté en Espagne, car la Sereńité de Charles V. ne devint Majesté qu'à cauſe de l'Empire. Les Enfans de Philippe II, furent les premieres Alteſſes, & enſuite ils furent Alteſſes Royales. Le Duc d'Orleans frere de Louis XIII. ne prit qu'en 1631. le titre d'Alteſſe Royale ; alors le Prince de Cordé prit celui d'Alteſſe Sereniſſime que n'oserent s'arroger les Ducs de Vandome. Le Duc de Savoye fut alors

Alteſſe

DES TITRES.

Alteſſe Royale, & devint enſuite Majeſté. Le Grand-Duc de Florence en fit autant à la Majeſté près, & enfin le Cſar, qui n'étoit connu en Europe que ſous le nom de Grand-Duc, s'eſt déclaré Empereur, & a été reconnu pour tel.

Il n'y avoit anciennement que deux Marquis d'Allemagne, deux en France, deux en Italie. Le Marquis de Brandebourg eſt devenu Roi, & grand Roi, mais aujourd'hui nos Marquis Italiens & Français ſont d'une eſpece un peu differente. Qu'un Bourgeois Italien ait l'honneur de donner à diner au Legat de ſa Province, & que le Legat en buvant lui diſe, *Monſieur le Marquis à votre ſanté*, le voila Marquis lui & ſes enfans à tout jamais. Qu'un provincial en France, qui poſſedera par tout bien dans ſon village la quatrieme partie d'une petite chatellenie ruinée, arrive à Paris, qu'il y faſſe un peu de fortune ou qu'il ait l'air de l'avoir faite, il s'intitule dans ſes actes, Haut & Puiſſant Seigneur, Marquis & Comte ; & ſon fils ſera chez ſon notaire, Très-haut & Très-puiſſant Seigneur ; & comme cette petite ambition ne nuit en rien au gouvernement ni à la ſocieté civile, on n'y prend pas garde. Quelques Seigneurs Français ſe vantent d'avoir des Barons Allemans dans leur écurie ; quelques Seigneurs Allemans diſent qu'ils ont des Marquis Français dans leurs cuiſines ; & il n'y a pas long-tems, qu'un étranger étant à Naples fit ſon cocher Duc. La coutume en cela eſt plus forte que l'autorité royale. Soyez peu connu à Paris, vous y ſerez Comte ou Marquis tant qu'il vous plaira ; ſoyez homme de robe ou de finance & que le Roi vous donne un Marquiſat bien réel, vous ne ſerez jamais pour cela Monſieur le Marquis. Le célebre Samuel Bernard étoit plus Comte

que cinq cens Comtes que nous voyons, qui ne pof-
fedent pas quatre arpens de terre, le Roi avoit éri-
gé pour lui fa Terre de Coubert en bonne Comté.
S'il fe fut fait annoncer dans une vifite, le Comte
Bernard, on auroit éclaté de rire.

Il en va tout autrement en Angleterre. Si le
Roi donne à un négociant un titre de Comte ou de
Baron, il reçoit fans difficulté de toute la nation le
nom qui lui eft propre. Les gens de la plus haute
naiffance, le Roi lui-même l'apellent Mylord, Monfeigneur. Il en eft de même en Italie : il y a le
protocole des Monfignors. Le Pape lui-même leur
donne ce titre. Son Medecin eft Monfignot, & per-
fonne n'y trouve à redire.

En France le Monfeigneur eft une terrible affaire. Un Evêque n'étoit avant le Cardinal de Richelieu que mon Reverendiffime Pere en Dieu ; mais
quand Richelieu fut Sécretaire d'Etat, étant encor
Evêque de Luffon, fes confreres les Evêques, pour
ne pas lui donner ce titre exclufif de Monfeigneur,
que les Sécretaires d'Etat commencerent à prendre,
convinrent de fe le donner à eux-mêmes. Cette en-
treprife n'effuya aucune contradiction dans le public.
Mais comme c'étoit un titre nouveau que les Rois
n'avoient pas donné aux Evêques, on continua dans
les Edits, Déclarations, Ordonnances, & dans tout
ce qui émane de la Cour, à ne les apeller que Sieurs.
Et Meffieurs du Confeil n'écrivent jamais à un Evêque
que Monfieur.

Les Ducs & Pairs ont eu plus de peine à se mettre en possession du Monseigneur. La grande Noblesse, & ce qu'on apelle la grande Robe, leur refusent tout net cette distinction. Le comble des succès de l'orgueil humain, est de recevoir des titres d'honneur de ceux qui croyent être vos égaux, mais il est bien difficile d'arriver à ce point: on trouve partout l'orgueil qui combat l'orgueil. Quand les Ducs exigerent que les pauvres Gentils-hommes leur écrivissent Monseigneur, les Présidens à Mortier en demanderent autant aux Avocats & aux Procureurs. On a connu un Président qui ne voulut pas se faire saigner, parceque son chirurgien lui avoit dit, Monsieur de quel bras voulez-vous que je vous saigne? Il y eût un vieux Conseiller de grand Chambre qui en usa plus franchement. Un plaideur lui dit *Monseigneur, Monsieur votre Secretaire...* Le Conseiller l'arrêta tout court; vous avez dit trois sottises en trois paroles. Je ne suis point Monseigneur, mon Sécretaire n'est point Monsieur, c'est mon Clerc.

Pour terminer ce grand procès de la vanité, il faudra un jour que tout le monde soit Monseigneur dans la nation; comme toutes les femmes, qui étoient autre fois Mademoiselle, sont actuellement Madame. Lors qu'en Espagne un mendiant rencontre un autre gueux, il lui dit, Seigneur Votre Courtoisie a-t-elle pris son chocolat? Cette maniere polie de s'exprimer éleve l'ame & conserve la dignité de l'espece.

César

César & Pompée s'apelloient dans le Sénat, Céfar & Pompée. Mais ces gens là ne favoient pas vivre. Ils finiffoient leurs lettres par *valé*, à Dieu, nous étions nous autres, il y a foixante ans affectionnés. Serviteurs ; nous fommes devenus depuis très-humbles & très-obéiffans ; & actuellement nous avons l'honneur de l'être. Je plains notre pofterité, elle ne poûra que difficilement ajouter à ces belles formules.

SOTTISE
DES
DEUX PARTS.

CRITO

SOTTISE
DES
DEUX PARTS.

Sottise des deux parts, est comme on sait la devise de toutes les querelles, je ne parle pas ici de celles qui ont fait verser le sang ; les Anabaptistes qui ravagerent la Vestphalie, les Calvinistes qui allumerent tant de guerres en France, les factions sanguinaires des Armagnacs, & des Bourguignons, le supplice de la Pucelle d'Orleans que la moitié de la France regardoit comme une heroïne céleste, & l'autre comme une sorciere ; la Sorbonne qui présentoit Requete pour la faire bruler ; l'assassinat du Duc d'Orleans justifié par des Docteurs ; les sujets dispensés du serment de fidelité par un Decret de la sacrée Faculté ; les bouraux tant de fois employés à soutenir des opinions ; les buchers allumés pour des malheureux à qui on persuadoit qu'ils étoient sorciers ou héretiques ; tout cela passe la sottise. Ces abominations cependant

étoient

étoient du bon tems, de la bonne foi germanique, de la naïveté gauloife & j'y renvoye les honnêtes gens qui regrettent toujours les tems paffés.

Je ne veux ici que me faire, pour mon édification particuliere, un petit memoire inftructif des belles chofes qui ont partagé les efprits de nos ayeux.

Dans l'onzieme fiecle, dans ce bon tems, où nous ne connaiffions ni l'art de la guerre qu'on faifoit toujours, ni celui de policer les villes, ni le commerce, ni la focieté & où nous ne favions ni lire ni écrire ; des gens de beaucoup d'efprit difputerent folemnellement, longuement, & vivement, fur ce qu'il arrivoit à la garde robbe quand on avoit rempli un dévoir facré, dont il ne faut parler qu'avec le plus profond refpect. C'eft ce qu'on apella la difpute des Stercoriftes. Cette quérelle n'excita pas de guerre, & fut du moins par là une des plus douces impertinences de l'efprit humain.

La difpute qui partagea l'Efpagne favante au même fiecle fur la Verfion Mofarabique fe termina auffi fans ravage de provinces & fans effufion de fang humain. L'efprit de Chevalerie qui regnoit alors, ne permit pas qu'on éclaircit autrement la difficulté, qu'en remettant la décifion à deux nobles Chevaliers : Celui des deux Don Quichottes qui renverferoit par terre fon adverfaire, devoit faire triompher la verfion dont il étoit le tenant. Don Ruis de Martanza Chevalier du Rituel Mofarabique fit perdre les arçons au Don Quichotte du Rituel Latin, mais comme les loix de la noble Chevalerie ne décidoient pas pofitivement qu'un Rituel dût être profcrit, parce que fon Chevalier avoit été defarçonné, on fe fervit d'un fecret plus fur & fort en ufage, pour

favoir,

favoir, lequel des deux livres devoit être préferé; ce fut de les jetter tous deux dans le feu. Car il n'étoit pas poſſible que le bon Rituel ne fut préſervé des flammes. Je ne ſai comment il arriva qu'ils furent brulés tous deux; la diſpute reſta indéciſe au grand étonnement des Eſpagnols. Peu à peu le Rituel Latin eût la préference; & s'il ſe fut préſenté par la ſuite quelque Chevalier pour ſoutenir le Moſarabique, c'eut été le Chevalier & non le Rituel qu'on eût jetté dans le feu.

Dans ces beaux ſiecles nous autres peuples polis, quand nous étions malades, nous étions obligés d'avoir recours à un Medecin Arabe; quand nous voulions ſavoir quel jour de la lune nous avions, il falloit auſſi s'en raporter à eux. Si nous voulions faire venir une piece de drap, il falloit payer cher un Juif, & quand un laboureur avoit beſoin de pluye il s'adreſſoit à un ſorcier. Mais enfin lors que quelques uns de nous eurent apris le Latin, & que nous eumes une mauvaiſe traduction d'Ariſtote, nous figurames dans le monde avec honneur, nous paſſames trois ou quatre cens ans à dechifrer quelques pages du Stagirite, à les adorer, & à les condamner, les uns ont dit que ſans lui nous manquerions d'articles de foi; les autres quil étoit Athée. Un Eſpagnol a prouvé qu'Ariſtote étoit un Saint, & qu'il falloit fêter ſa fête. Un concile en France a fait bruler ſes divins écrits. Des Colleges, des Univerſités, des Ordres entiers de Réligieux ſe ſont anatématizés reciproquement, au ſujet de quelques paſſages de ce grand homme, que ni eux, ni les juges qui interpoſerent leur autorité, ni l'auteur n'entendirent jamais. Il y eut beaucoup de coups de poing donnés en Allemagne pour ces graves querelles; mais enfin il n'y eût pas beaucoup de ſang répandu.

répandu. C'eſt dommage pour la gloire d'Ariſtote, qu'on n'ait pas fait la guerre civile, & donné quelques batailles rangées en faveur des Quidittés, & de l'Vniverſel de la part de la choſe. Nos peres ſe ſont égorgé pour des queſtions qu'ils ne comprenoient pas davantage.

Il eſt vrai qu'un fou fort celebre nommé Occam ſurnommé le Docteur Invincible, chef de ceux qui tenoient pour l'Vniverſel de la part de la penſée, demanda à l'Empereur Louis de Baviere qu'il deffendit ſa plume par ſon épée imperiale, contre Scot autre fou Ecoſſois, ſurnommé le Docteur Subtil, qui batailloit pour l'Vniverſel de la part de la choſe. Heureuſement l'épée de Louis de Baviere reſta dans ſon foureau. Qui croiroit que ces diſputes ont duré juſqu'à nos jours, & que le Parlement de Paris en 1624 a donné un bel Arrêt en faveur d'Ariſtote?

Vers le tems du brave Occam & de l'intrepide Scot, il s'éléva une querelle bien plus ſerieuſe, dans laquelle les reverends Peres Cordeliers entrainerent tout le monde chrétien. C'étoit pour ſavoir ſi leur potage leur apartenoit en propre, ou s'ils n'en étoient que ſimples uſufruitiers. La forme du capuchon, & la largeur de la manche furent encore les ſujets de cette guerre ſacrée. Le Pape Jean XXII. qui voulut s'en mêler, trouva à qui parler. Les Cordeliers quitterent ſon parti pour celui de Louis de Baviere, qui alors tira ſon épée. Il y eut d'ailleurs trois ou quatre Cordeliers de brulés comme héretiques. Cela eſt un peu fort, mais après tout, cette affaire n'ayant pas ébranlé de Trones & ruiné de Provinces, on peut la mettre au rang des ſottiſes paiſibles.

Il y

Il y en a toujours eû de cette espece. La plus part sont tombées dans le plus profond oubli; & de quatre ou cinq cens sectes qui ont parû, il ne reste dans la memoire des hommes que celles, qui ont produit ou d'extremes desordres ou d'extremes ridicules, deux choses qu'on retient assez volontiers. Qui sait aujourd'hui s'il y a eû des Orebites, des Osmites, des Insdorfiens, qui connait les Oints & les Patissiers; les Cornaciens, les Iscariotistes?

Un jour en dinant chez une Dame Hollandaise, je fus charitablement averti par un des convives, de prendre bien garde à moi, & de ne me pas aviser de louer Voëtius? je n'ai nulle envie, lui dis-je, de dire ni bien ni mal de votre Voëtius; mais pourquoi me donnez-vous cet avis? c'est que Madame est Cocceienne, me dit mon voisin. Helas tres volontiers, lui dis-je. Il m'ajouta qu'il y avoit encore quatre Cocceiennes en Hollande, & que c'étoit grand dommage que l'espece pérît. Un tems viendra où les Jansenistes, qui ont fait tant de bruit parmi nous & qui sont ignorés par tout ailleurs, auront le sort des Cocceiens. Un vieux Docteur me disoit, Monsieur, dans ma jeunesse je me suis escrimé pour le *mandata impossibilia volentibus & conantibus*. J'ai écrit contre le Formulaire & contre le Pape, & je me suis crû Confesseur; j'ai été mis en prison, & je me suis crû Martir. Actuellement je ne me mêle plus de rien, & je me crois raisonnable. Quelles sont vos occupations, lui dis-je. Monsieur, me répondit-il, j'aime beaucoup l'argent. C'est ainsi que presque tous les hommes dans leur vieillesse se moquent interieurement des sottises, qu'ils ont avidement embrassées dans leur jeunesse. Les sectes vieillissent comme les hommes. Celles qui n'ont pas été sou-

tenues

tenues par de grands Princes, qui n'ont point causé de grands maux vieilliffent plutôt que les autres. Ce font des maladies épidemiques, qui paffent comme la fuette & la cocluche.

Il n'eft plus queftion des pieufes reveries de Madame Guion. Ce n'eft plus le livre inintelligible des maximes des Saints qu'on lit, c'eft-le Telemaque. On ne fe fouvient plus de ce que l'éloquent Boffuet écrivit contre le tendre, l'elegant, l'aimable Fenelon, on donne la préference à fes oraifons funebres. Dans toute la difpute fur ce qu'on apelloit le Quietisme, il n'y a eu de bon que l'ancien conte réchauffé de la bonne femme, qui aportoit un rechaud pour bruler le paradis, & une cruche d'eau pour éteindre le feu de l'enfer, afin qu'on ne fervit plus Dieu par efperance ni par crainte. Je remarquerai feulement une fingularité de ce procès, laquelle ne vaut pas le conte de la bonne femme, c'eft que les Jefuites, qui étoient tant accufés en France par les Janfeniftes, d'avoir été fondés par St. Ignace exprès pour détruire l'amour de Dieu, folliciterent vivement à Rome en faveur de l'amour pur de Mr. de Cambray. Il leur arriva la même chofe qu'à Mr. de Langeais, qui étoit pourfuivi par fa femme au Parlement de Paris, pour caufe d'impuiffance, & par une fille au Parlement de Rennes, pour lui avoir fait un enfant. Il falloit qu'il gagnât l'une des deux affaires ; il les perdit toutes deux. L'amour pur pour lequel les Jefuites s'étoient donnés tant de mouvement, fut condamné à Rome, & ils pafferent toujours à Paris pour ne vouloir pas qu'on aimât Dieu. Cette opinion étoit tellement enracinée dans les efprits, que lorsqu'on s'avifa de vendre dans Paris, il y a quelques années, une taille-douce reprefentant nôtre Seigneur
Jefus

Jesus Christ, habillé en Jesuite. Un plaisant (c'étoit apparemment le Loustik du parti Janseniste,) mit ces vers au bas de l'estampe.

> Admirez l'artifice extrême,
>
> De ces Peres ingenieux;
>
> Ils vous ont habillé comme eux,
>
> Mon Dieu de peur qu'on ne vous aimé.

A Rome, où l'on n'essuye jamais de pareilles disputes, & où l'on juge celles qui s'élevent ailleurs, on étoit fort ennuyé des querelles sur l'amour pur. Le Cardinal Carpeigne, qui étoit raporteur de l'affaire de l'Archevêque de Cambray, étoit malade & souffroit beaucoup dans une partie, qui n'est pas plus épargnée chez les Cardinaux que chez les autres hommes. Son chirurgien lui enfonçoit des petites tentes de linon qu'on apelle du cambray en Italie, comme dans beaucoup d'autres pays. Le Cardinal crioit; c'est pourtant du plus fin cambray, disoit le chirurgien. Quoi du Cambray encore là ? disoit le Cardinal, n'étoit-ce pas assez d'en avoir la tête fatiguée ! Heureuses les disputés qui se terminent ainsi. Heureux les hommes si tous les disputeurs de ce monde, si les heresiarques s'étoient soumis avec autant de moderation, avec une douceur aussi magnanime que le grand Archevêque de Cambray, qui n'avoit nulle envie d'être héresiarque, je ne sai pas s'il avoit raison de vouloir, qu'on aimât Dieu pour lui-même, mais Mr. Fenelon méritoit d'être aimé ainsi.

Dans les disputes purement litteraires il y a eû souvent autant d'acharnement, autant d'esprit de parti, que dans des querelles plus intéressantes. On renouvelleroit, si on pouvoit, les factions du Cirque, qui agiterent l'Empire Romain ! Deux Actrices rivales sont capable de diviser une ville. Les hommes ont tous un secret penchant pour la faction. Si on ne peut caballer, se poursuivre, se nuire pour des Couronnes, des Tiares, des Mitres, nous nous acharnerons les uns contre les autres pour un Danseur, pour un Musicien : Rameau a eû un violent parti contre lui, qui auroit voulu l'exterminer, & il n'en savoit rien. J'ai eû un parti plus violent contre moi & je le savois bien.

MEMNON.

MEMNON.

MEMNON.

Memnon conçut un jour le projet insensé d'être parfaitement sage. Il n'y a gueres d'hommes à qui cette folie n'ait quelquefois passé par la tête. Memnon se dit à lui-même, pour être très-sage & par conséquent très-heureux, il n'y a qu'à être sans passions, & rien n'est plus aisé comme on sait. Premierement je n'aimerai jamais de femme; car en voyant une beauté parfaite, je me dirai à moi-même, ces joües-là se rideront un jour, ces beaux yeux seront bordés de rouge, cette gorge ronde deviendra platte & pendante, cette belle tête deviendra chauve. Or je n'ai qu'à la voir à présent des mêmes yeux dont je la verrai alors, & assurément cette tête ne fera pas tourner la mienne.

En second lieu je serai toujours sobre, j'aurai beau être tenté par la bonne chere, par des vins délicieux, par la séduction de la société: je n'aurai qu'à me représenter les suites des excès, une tête pesante, un estomac embarrassé, la perte de la raison, de la santé, & du tems. Je ne mangerai alors que pour le besoin, ma santé sera toujours égale, mes idées toujours pures & lumineuses. Tout cela est si facile, qu'il n'y a aucun mérite à y parvenir.

Ensuite, disoit Memnon, il faut penser un peu à ma fortune, mes desirs sont modérés, mon bien est solidement placé sur le receveur général des finances de Ninive; j'ai déquoi vivre dans l'indépendance, c'est-là le plus grand des biens. Je ne ferai jamais dans la cruelle nécessité de faire ma cour: je n'envierai personne & personne ne m'enviera. Voilà qui est encore très-aisé.

J'ai des amis, continuoit-il, je les conserverai puisqu'ils n'auront rien à me disputer, je n'aurai jamais d'humeur avec eux ni eux avec moi. Cela est sans difficulté.

Ayant fait ainsi son petit plan de sagesse dans sa chambre, Memnon mit la tête à la fenêtre, il vit deux femmes qui se promenoient sous des platanes auprès de sa maison. L'une étoit vieille & paraissoit ne songer à rien. L'autre étoit jeune, jolie & sembloit fort occupée. Elle soupiroit, elle pleuroit & n'en avoit que plus de graces. Notre Sage fut touché, non pas de la beauté de la Dame, (il étoit bien sûr de ne pas sentir une telle faiblesse) mais de l'affliction où il la voyoit; il descendit, il aborda la jeune Ninivienne dans le dessein de la consoler avec sagesse. Cette belle personne lui conta de l'air le plus naïf & le plus touchant tout le mal que lui faisoit un Oncle qu'elle n'avoit point, avec quels artifices il lui avoit enlevé un bien qu'elle n'avoit jamais possédé, & tout ce qu'elle avoit à craindre de sa violence. Vous me paraissez un homme de si bon conseil, lui dit-elle, que si vous aviez la condescendance de venir jusques chez moi, & d'examiner mes affaires, je suis sure que vous me tirerez du cruel embarras où je suis. Memnon n'hésita pas à la suivre pour examiner sagement ses affaires, & pour lui donner un bon conseil.

La Dame affligée le mena dans une chambre parfumée & le fit asseoir avec elle poliment sur un large sopha, où ils se tenoient tous deux les jambes croisées vis-à-vis l'un de l'autre. La Dame parla en baissant les yeux dont il échapoit quelquefois des larmes, & qui en se relevant

rencon-

rencontroient toujours les regards du sage Memnon. Ses discours étoient pleins d'un attendrissement qui redoubloit toutes les fois qu'ils se regardoient. Memnon prenoit ses affaires éxtrêmement à cœur, & se sentoit de moment en moment la plus grande envie d'obliger une personne si honnête & si malheureuse. Ils cesserent insensiblement dans la chaleur de la conversation d'être vis-à-vis l'un de l'autre. Leurs jambes ne furent plus croisées, Memnon la conseilla de si près & lui donna des avis si tendres, qu'ils ne pouvoient ni l'un ni l'autre parler d'affaires & qu'ils ne savoient plus où ils en étoient.

Comme ils en étoient là, arrive l'Oncle, ainsi qu'on peut bien le penser: Il étoit armé de la tête aux pieds; & la première chose qu'il dit, fut qu'il alloit tuer comme de raison le sage Memnon & sa Niéce; la derniere qui lui échapa fut qu'il pouvoit pardonner pour beaucoup d'argent; Memnon fut obligé de donner tout ce qu'il avoit, on étoit heureux dans ce tems-là d'en être quitte à si bon marché, l'Amerique n'étoit pas encore découverte, & les Dames affligées n'étoient pas à beaucoup près si dangereuses qu'elles le sont aujourd'hui.

Memnon honteux & désespéré rentra chez lui; il y trouva un billet qui l'invitoit à diner avec quelques-uns de ses intimes amis. Si je reste seul chez moi, dit-il, j'aurai l'esprit occupé de ma triste avanture, je ne mangerai point, je tomberai malade. Il vaut mieux aller faire avec mes amis intimes un repas frugal. J'oublierai dans la douceur de leur société la sottise que j'ai faite ce matin. Il va au rendez-vous, on le trouve un peu chagrin. On le fait boire pour dissiper sa tristesse. Un peu de vin pris modérément est un remede pour l'ame & pour le corps. C'est ainsi que pense le sage Memnon; & il s'enivre. On lui propose de jouer après le repas. Un jeu réglé avec des amis est un passe-tems honnête. Il joue; on lui gagne tout ce qu'il a dans sa bourse & quatre fois autant sur sa parole. Une dispute s'éleve sur le jeu, on s'échauffe:

l'un

l'un de ses amis intimes lui jette à la tête un cornet & lui créve un œil. On raporte chez lui le sage Memnon, ivre, sans argent, & ayant un œil de moins.

Il cuve un peu son vin, & dès qu'il a la tête plus libre, il envoye son valet chercher de l'argent chez le receveur général des finances de Ninive pour payer ses intimes amis: on lui dit que son débiteur a fait le matin une banqueroute frauduleuse qui met en allarme cent familles. Memnon outré va à la Cour avec un emplâtre sur l'œil & un placet à la main pour demander justice au Roi contre le banqueroutier. Il rencontra dans un sallon plusieurs Dames qui portoient toutes d'un air aisé des cerceaux de vingt-quatre pieds de circonférence. L'une d'elles qui le connaissoit un peu dit en le regardant de côté: Ah l'horreur! une autre qui le connaissoit davantage lui dit, bon soir Monsieur Memnon, mais vraiment Monsieur Memnon je suis fort aise de vous voir; à propos Monsieur Memnon pourquoi avez-vous perdu un œil? Et elle passa sans attendre sa réponse. Memnon se cacha dans un coin & attendit le moment où il put se jetter aux pieds du Monarque. Ce moment arriva. Il baisa trois fois la terre & présenta son placet. Sa gracieuse Majesté le reçut très favorablement, & donna le mémoire à un de ses Satrapes pour lui en rendre compte. Le Satrape tire Memnon à part, & lui dit d'un air de hauteur en ricanant amerement; je vous trouve un plaisant borgne de vous adresser au Roi plutôt qu'à moi; & encore plus plaisant d'oser demander justice contre un honnête banqueroutier, que j'honore de ma protection, & qui est le neveu d'une femme de chambre de ma Maitresse. Abandonnez cette affaire-là, mon ami, si vous voulez conserver l'œil qui vous reste.

Memnon ayant ainsi renoncé le matin aux femmes, aux excès de table, au jeu, à toute querelle, & surtout à la Cour, avoit été avant la nuit trompé & volé par une belle Dame, s'étoit enivré, avoit joué, avoit eu une querelle, s'étoit fait crever un œil, & avoit été à la Cour où l'on s'étoit moqué de lui.

Pétri-

Pétrifié d'étonnement & navré de douleur, il s'en retourne la mort dans le cœur. Il veut rentrer chez lui ; il y trouve des huissiers qui demeubloient sa maison de la part de ses créanciers. Il reste presque évanoui sous un platane, il y rencontre la belle Dame du matin qui se promenoit avec son cher Oncle, & qui éclata de rire en voyant Memnon avec son emplâtre. La nuit vint, Memnon se coucha sur de la paille auprès des murs de sa maison. La fievre le saisit ; il s'endormit dans l'accès, & un Esprit céleste lui apparut en songe.

Il étoit tout resplendissant de lumière. Il avoit six belles ailes, mais ni pied ni tête ni queuë, & ne ressembloit à rien. Qui es-tu ? lui dit Memnon ; ton bon Génie, lui répondit l'autre. Rend-moi donc mon œil, ma santé, ma maison, mon bien, ma sagesse, lui dit Memnon. Ensuite il lui conta comment il avoit perdu tout cela en un jour. Voilà des avantures qui ne nous arrivent jamais dans le monde que nous habitons, dit l'Esprit. Et quel monde habitez-vous, dit l'homme affligé ? Ma patrie, répondit-il, est à cinq cent millions de lieuës du soleil dans une petite Etoile auprès de Sirius, que tu vois d'ici. Le beau pays ! dit Memnon, quoi vous n'avez point chez vous de coquines qui trompent un pauvre homme, point d'amis intimes qui lui gagnent son argent & qui lui crevent un œil, point de banqueroutiers, point de Satrapes qui se mocquent de vous en vous refusant justice : non, dit l'Habitant de l'Etoile, rien de tout cela. Nous ne sommes jamais trompés par les femmes, parceque nous n'en avons point ; nous ne faisons point d'excès de table, parceque nous ne mangeons point ; nous n'avons point de banqueroutiers, parce qu'il n'y a chez nous ni or ni argent ; on ne peut pas nous crever les yeux, parce que nous n'avons point de corps à la façon des vôtres ; & les Satrapes ne nous font jamais d'injustice, parceque dans notre petite Etoile tout le monde est égal.

Memnon lui dit alors, Monseigneur sans femme & sans dîner

dîner à quoi paſſez-vous votre tems? à veiller, dit le Génie, ſur les autres Globes qui nous ſont confiés: & je viens pour te conſoler. Helas! réprit Memnon, que ne veniez-vous la nuit paſſée pour m'empêcher de faire tant de folies? J'étois auprès d'Aſſan ton frere ainé dit l'Etre céleſte. Il eſt plus à plaindre que toi. Sa gracieuſe Majeſté le Roi des Indes, à la Cour duquel il a l'honneur d'être, lui a fait crever les deux yeux pour une petite indiſcrétion, & il eſt actuellement dans un cachot les fers aux pieds & aux mains. C'eſt bien la peine, dit Memnon, d'avoir un bon Génie dans une famille, pour que de deux freres l'un ſoit borgne, l'autre aveugle, l'un couché ſur la paille, l'autre en priſon. Ton ſort changera, reprit l'Animal de l'Etoile. Il eſt vrai que tu ſeras toujours borgne; mais, à cela près, tu ſeras aſſez heureux, pourvû que tu ne faſſes jamais le ſot projet d'être parfaitement ſage. C'eſt donc une choſe à laquelle il eſt impoſſible de parvenir, s'écria Memnon en ſoûpirant. Auſſi impoſſible, lui repliqua l'autre, que d'être parfaitement habile, parfaitement fort, parfaitement puiſſant, parfaitement heureux. Nous mêmes, nous en ſommes bien loin. Il y a un Globe où tout cela ſe trouve, mais dans les cent mille millions de Mondes qui ſont diſperſés dans l'étenduë, tout ſe ſuit par degrés. On a moins de ſageſſe & de plaiſirs dans le ſecond que dans le premier, moins dans le troiſieme que dans le ſecond. Ainſi du reſte juſqu'au dernier où tout le monde eſt complettement fou. J'ai bien peur, dit Memnon, que notre petit Globe terraqué ne ſoit préciſément les petites maiſons de l'Univers dont vous me faites l'honneur de me parler. Pas tout-à-fait, dit l'Eſprit; mais il en approche: il faut que tout ſoit en ſa place. Eh mais, dit Memnon, certains Poëtes, certains Philoſophes, ont donc grand tort de dire *Que tout eſt bien.* Ils ont grande raiſon, dit le Philoſophe de là Haut en conſidérant l'arrangement de l'Univers entier. Ah je ne croirai cela, répliqua le pauvre Memnon, que quand je ne ſerai plus borgne.

LETTRES.

LETTRES.

LETTRE D'UN TURC.

Lors que j'étois dans la ville de Benares sur le rivage du Gange, ancienne patrie des Brachmanes, je tachai de m'instruire; j'entendois passablement l'Indien, j'écoutois beaucoup & je remarquois tout; j'étois logé chez mon correspondant Omri; c'étoit le plus digne homme que j'aye jamais connu. Il étoit de la religion des Bramins, j'ai l'honneur d'être Musulman: jamais nous n'avons eû une parole plus haute que l'autre au sujet de Mahomet, & de Brama. Nous faisions nos ablutions chacun de nôtre côté; nous buvions de la même limonade, nous mangions du même ris comme deux freres.

Un jour nous allames ensemble à la Pagode de Gavani. Nous y vimes plusieurs bandes de Fakirs, dont les uns étoient des Janguis, c'est à dire des Fakirs contemplatifs & les autres des disciples des anciens Gimnosofistes, qui menoient une vie active. Ils ont (comme on sait) une langue savante qui est celle des plus anciens Brachmanes; & dans cette langue un livre qu'ils apel-

apellent le Hanfcrit. C'eſt aſſurement le plus ancien livre de toute l'Aſie ſans en excepté le Zend.

Je paſſai devant un Fakir qui liſoit ce livre. Ah malheureux infidele, s'écria-t-il, tu m'as fait perdre le nombre des voyelles que je comptais ; & de cette affaire-là, mon ame paſſera dans le corps d'un lievre, au lieu d'aller dans celui d'un perroquet, comme j'avois tout lieu de m'en flatter. Je lui donnai une Roupie pour le conſoler. A quelques pas de là ayant eû le malheur d'éternuer, le bruit que je fis reveilla un Fakir qui étoit en extaſe ;) où ſuis-je, dit il, quelle horrible chutte ! je ne vois plus le bout de mon nez : la lumiere céleſte eſt diſparue.* Si je ſuis cauſe, lui dis-je, que vous voyez enfin plus loin que le bout de votre nez, voila une Roupie pour réparer le mal que j'ai fait; reprenez votre lumiere céleſte.

M'étant ainſi tiré d'affaire diſcretement je paſſai aux autres Gimnoſofiſtes, il y en eût pluſieurs, qui m'aporterent de petits clous fort jolis, pour m'enfoncer dans les bras & dans les cuiſſes en l'honneur de Brama. J'achetai leurs clous dont j'ai fait clouer mes tapis. D'autres danſoient ſur les mains, d'autres voltigeoient ſur la corde lache, d'autres alloient toujours à cloche-pied. Il y en avoit qui portoient des chaines, d'autres un bât, quelques uns avoient leur tête dans un boiſſau, au demeurant les meilleurs gens du monde. Mon ami Omri me mena dans la cellule d'un des plus fameux. Il s'apelloit Bababec : il étoit nu comme un ſinge, & avoit au cou une groſſe chaine qui peſoit plus de ſoixante livres. Il étoit aſſis ſur une chaiſe de bois, proprement garnie de petites pointes de clous, qui lui entroient dans les feſſes, & on auroit crû qu'il étoit

---

* Quand les Fakirs veulent voir la lumiere céleſte, ce qui eſt très-commun parmi eux, ils tournent les yeux vers le bout de leurs nez.

étoit sur un lit de satin. Beaucoup de femmes venoient le consulter, il étoit l'oracle des familles, & on peut dire qu'il jouissoit d'une très-grande réputation. Je fus témoin du long entretien qu'Omri eût avec lui. Croyez-vous, lui dit-il, mon pere, qu'après avoir passé par l'épreuve des sept Metempsicoses, je puisse parvenir à la demeure de Brama? C'est selon, dit le Fakir; comment vivez-vous? je tache, dit Omri, d'être bon citoyen, bon mari, bon pere, bon ami; je prête de l'argent sans intérêt aux riches dans l'occasion; j'en donne aux pauvres; j'entretiens la paix parmi mes voisins. Vous mettez-vous quelques fois des clous dans le cu? demanda le Bramin. Jamais, mon reverend pere; j'en suis faché, répliqua le Fakir, vous n'irez certainement que dans le dix neufvieme ciel; & c'est dommage. Comment? dit Omri, cela est fort honnête, je suis très-content de mon lot, que m'importe du dixneufvieme ou du vingtieme, pourvû que je fasse mon devoir dans mon pélerinage, & que je sois bien réçu au dernier gite. N'est-ce pas assez d'être honnête homme dans ce pays-ci, & d'être ensuite heureux au pays de Brama? Dans quel ciel prétendez-vous donc aller vous Monsieur Bababec, avec vos clous & vos chaines? Dans le trente-cinquieme, dit Bababec. Je vous trouve plaisant, repliqua Omri, de prétendre être logé plus haut que moi! ce ne peut être assurément que l'effet d'une excessive ambition, vous condamnez ceux qui recherchent les honneurs dans cette vie; pourquoi en voulez-vous de si grands dans l'autre? & surquoi d'ailleurs prétendez-vous être mieux traité que moi? Sachez que je donne plus en aumônes en dix jours, que ne vous coutent en dix ans tous les clous que vous vous enfoncez dans le derriere. Brama a bien affaire que vous passiez la journée tout nu avec une chaine au cou? vous rendez-là un beau service à la patrie. Je fais cent fois plus de cas d'un homme

qui

qui feme des legumes, ou qui plante des arbres, que de tous vos camarades qui regardent le bout de leur nez, ou qui portent un bât, par excès de nobleſſe d'ame. Ayant parlé ainſi, Omri ſe radoucit, le careſſa, le perſuada; l'engagea enfin à laiſſer là ſes clous & ſa chaine, & à venir chez lui, mener une vie honnête; On le décraſſa, on le frota d'eſſençes parfumées, on l'habilla decemment; il vecut quinze jours d'une maniere fort ſage & avoua, qu'il étoit cent fois plus hèureux qu'auparavant. Mais il perdoit ſon crédit dans le peuple, les femmes ne venoient plus le conſulter, il quitta Omri & réprit ſes clous, pour avoir de la conſideration.

LETTRE

LETTRE

A SON ALTESSE ROYALE
MADAME
LA PRINCESSE DE ***.

Souvent la plus belle Princesse
Languit dans l'age du bonheur ;
L'etiquette de la grandeur,
Quand rien n'occupe & n'interesse,
Laisse un vuide affreux dans le cœur.
Souvent même un grand Roi s'étonne,
Entouré de sujets soumis,
Que tout l'éclat de sa Couronne,
Jamais en secret ne lui donne
Ce bonheur qu'elle avoit promis.
On croiroit que le jeu console,
Mais l'ennui vient à pas comptés :
A la table d'un Cavagnole *
S'asseoir entre des Majestés.
On fait tristement grande chere
Sans dire & sans écouter rien,
Tandis que l'hébété vulgaire

* Jeu à la mode à la Cour.

Vous afliege, vous confidere,
Et croit voir le Souverain bien.
Le lendemain quand l'Emisphere
Eft brulé des feux du foleil,
On s'arrache aux bras du fommeil,
Sans favoir ce que l'on va faire.
De foi-même peu fatisfait
On veut du monde ; il embaraffe.
Le plaifir fuit, le jour fe paffe
Sans favoir ce que l'on a fait.
O tems, ô perte irreparable,
Quel eft l'inftant ou nous vivons !
Quoi la vie eft fi peu durable,
Et les jours paraitroient fi longs !
Princeffe, au deffus de votre age,
De deux Cours augufte ornement,
Vous employez utilement
Ce tems qui fi rapidement
Trompe la jeuneffe volage :
Vous cultivez l'efprit charmant
Que vous a donné la nature,
Les réflexions, la lecture
En font le folide aliment,
Et fon ufage eft fa parure.
S'occuper c'eft favoir jouir.
L'oifiveté pefe & tourmente.
L'ame eft un feu qu'il faut nourir,
Et qui s'éteint s'il ne s'augmente.

LETTRE

A SON ALTESSE SERENISSIME
MADAME
LA DUCHESSE DU MAINE,

Sur la Victoire remportée par le Roi à Laufelt.

Auguste fille & mère de Héros,
Vous ranimez ma voix faible & cassée,
Et vous voulez que ma Muse lassée,
Comme Louis, ignore le répos.
D'un craion vrai, vous m'ordonnez de peindre
Son cœur modeste, & ses brillans exploits,
Et Cumberland, que l'on a vu deux fois
Chercher ce Roi, l'admirer & le craindre;
Mais des bons vers l'heureux tems est passé;
L'art des combats est l'art où l'on excelle:
Notre Alexandre en vain cherche un Appelle;
Louis s'éleve, & le siecle est baissé.
De Fontenoy le nom plein d'harmonie
Pouvoit au moins seconder le génie:
Boileau pâlit au seul nom de *Woërden*;
Que diroit-il, si non loin d'*Heldéren*,
Il eût fallu suivre entre les deux *Nethes*
Bathiani si sçavant en retraites?

Avec

Avec d'Estrée à *Rosmal* s'avancer ?
La gloire parle, & Louis me réveille ;
Le nom du Roi charme toujours l'oreille ;
Mais que *Lavfelt* est rude à prononcer !
Et quel besoin de nos Panégiriques,
Discours en vers, Epitres heroïques,
Enregistrés, visés par Crébillon *
Signés ** Marville, & jamais Apollon ?

De votre fils je connais l'indulgence,
Il recevra sans courroux mon encens ;
Car la bonté, la sœur de la vaillance,
De vos ayeûx passa dans vos enfans :
Mais tout lecteur n'est pas si débonnaire ;
Et si j'avois, peut-être téméraire,
Représenté vos fiers Carabiniers
Donnant l'exemple aux plus braves Guerriers ;
Si je peignois ce soutien de nos Armes,
Ce petit-fils, ce rival de Condé,
Du Dieu des Vers si j'étois secondé,
Comme il le fut par le Dieu des Allarmes,
Plus d'un censeur, encor avec dépit,
M'accuseroit d'en avoir trop peu dit.
Très-peu de gré, mille traits de satire,
Sont le loyer de quiconque ose écrire ;

Mais,

---

* Mr. Crébillon de l'Academie Françaife, examinateur des écrits en une feuille présentés à la police.

** Mr. Feydan de Marville alors Lieutenant de Police.

Mais, pour fon Prince, il faut favoir fouffrir ;
Il eft par tout des rifques à courir ;
Et la cenfure, avec plus d'injuftice,
Va tous les jours acharner fa malice
Sur des Héros, dont la fidélité
L'a mieux fervi, que je ne l'ai chanté.

Allons parlez ma noble Academie,
Sur vos lauriers êtes-vous endormie ?
Repréfentez ce Conquérant humain,
Offrant la paix le tonnerre à la main :
Ne louez point, Auteurs : rendez juftice ;
Et comparant aux fiecles reculés
Le fiecle heureux, les jours dont vous parlez,
Lifez Céfar, vous connaîtrez Maurice.

Si de l'Etat vous aimez les vengeurs,
Si la patrie eft vivante en vos cœurs,
Voyez ce Chef, dont l'active prudence
Venge à la fois Gènes, Parme & la France :
Chantez Bellisle ; élevez dans vos vers
Un monument au généreux Bouflers ;
Il eft d'un fang qui fut l'appui du Trône ;
Il eût pû l'être ; & la faulx du trépas
Tranche fes jours échapés à Bellonne
Au fein des murs délivrés par fon bras.

Mais quelle voix affez forte, affez tendre,
Saura gémir fur l'héroïque cendre

De ces Héros que Mars priva du jour
Aux yeux d'un Roi, leur pere & leur amour?
O vous sur tout infortuné Baviere,
Jeune Froulay, si digne de nos pleurs,
Qui chantera votre vertu guerriere?
Sur vos tombeaux qui répandra des fleurs?

Anges des Cieux, Puissances immortelles,
Qui présidez à nos jours passagers,
Sauvez Lautrec, au milieu des dangers;
Mettez Ségur à l'ombre de vos aîles;
Déja Raucoux vit déchirer son flanc;
Ayez pitié de cet âge si tendre;
Ne versez pas les restes de ce sang
Que pour Louis il brûle de répandre:
De cent Guerriers couronnez les beaux jours;
Ne frapez pas Bonac & d'Aubeterre,
Plus accablés sous de cruels secours,
Que sous les coups des foudres de la guerre.

Mais, me dit-on, faut-il à tout propos
Donner en vers des listes de Héros?
Sachez qu'en vain l'amour de la patrie
Dicte vos vers, au vrai seul consacrés;
On flate peu ceux qu'on a célébrés,
On déplait fort à tous ceux qu'on oublie,
Ainsi toujours le danger suit mes pas;
Il faut livrer presqu'autant de combats

Qu'en

Qu'en a causé sur l'onde, & sur la terre,
Cette Balance utile à l'Angleterre.

Cessez, cessez, digne sang de Bourbon,
De ranimer mon timide Apollon,
Et laissez-moi tout entier à l'histoire;
C'est là qu'on peut, sans génie & sans art,
Suivre Louis de l'Escaut jusqu'au Jart;
Je dirai tout, car tout est à sa gloire;
Il fait la mienne, & je me garde bien,
De ressembler à ce grand satirique
De son Héros discret historien,
Qui pour écrire un beau Panegirique
Fut bien payé, mais qui n'écrivit rien.

LETTRE*
A
MADEMOISELLE ***
DEVENUE DEPUIS
MADAME DE ***

Philis, qu'est devenu ce tems,
  Où dans un fiacre promenée,
Sans laquais, sans ajustemens,
  De tes seules graces ornée,
  Contente d'un mauvais souper,
  Que tu changeois en ambroisie,
  Tu te livrois dans ta folie,
  A l'amant heureux & trompé
  Qui t'avoit consacré sa vie.

  Le ciel ne te donnoit alors,
Pour tout rang & pour tout tresors,
Que la douce erreur de ton âge;
Deux tetons, que le tendre amour
De ses mains t'arrondit un jour;

---

* Cette lettre une des plus agreables de notre auteur est connue à Paris sous le titre des *Vous* & des *Tu*. Elle est adressée à la même personne dont il est parlé dans l'Epitre aux Manes de Genonville.

Un cœur tendre, un esprit volage,
Avec tant d'attraits précieux,
Hélas! qui n'eut été friponne?
Tu le fus, objet gracieux,
Et que l'amour me le pardonne,
Tu sais que je t'en aimois mieux.

Ah, Madame, que votre vie
D'honneur aujourd'hui si remplie,
Differe de ces doux inſtans!
Ce large Suiſſe à cheveux blancs
Qui ment ſans ceſſe à votre porte,
Philis, eſt l'image du tems;
Il ſemble qu'il chaſſe l'eſcorte
Des tendres amours & des ris.
Sous vos magnifiques lambris
Ces enfans tremblent de paraître.
Hélas! je les ai vû jadis
Entrer chez toi par la fenêtre
Et ſe jouer dans ton taudis.

Non, Madame, tous ces tapis
Qu'a tiſſus la Savonnerie;*
Ceux que les Perſans ont ourdis,
Et toute votre orfèvrerie;
Et ces plats ſi chers que Germain **

A gra-

* La Savonerie eſt une belle manufacture des tapis établie par le grand Colbert.

** Germain excellent orfèvre, dont il eſt parlé dans le Mondain.

A gravés de sa main divine;
Et ces cabinets où Martin *
A surpassé l'art de la Chine;
Vos vases Japonnois & blancs,
Toutes ces fragiles merveilles;
Ces deux lustres de diamans
Qui pendent à vos deux oreilles;
Ces riches carcans, ces colliers,
Et cette pompe enchanteresse
Ne valent pas un des baisers
Que tu donnois dans ta jeunesse.

---

* Martin, excellent Vernisseur.

LETTRE
A
MONSEIGNEUR
LE CARDINAL DU BOIS.*

Une beauté qu'on nomme Rupelmonde,
  Avec qui les amours & moi
  Nous courons depuis peu le monde,
 Et qui nous donne à tous la loi,
  Veut qu'à l'inſtant je vous écrive.
Ma muſe, comme à vous, à lui plaire atentive
Accepte, avec tranſport, un ſi charmant emploi.

Nous arrivons, Monſeigneur, dans votre Métropole, où je crois que tous les Ambaſſadeurs & tous les Cuiſiniers de l'Europe ſe ſont donné rendez-vous. Il ſemble que les Miniſtres d'Allemagne ne ſoient à Cambray que pour faire boire la ſanté de l'Empereur. Pour Meſſieurs les Ambaſſadeurs d'Eſpagne ; l'un entend deux Meſſes par jour, l'autre dirige la Troupe des Comédiens ; les Miniſtres Anglois envoyent beaucoup de couriers en Champagne & peu à Londres. Au reſte, perſonne n'attend ici votre Eminence: on ne penſe pas que vous quittiez le Palais-Royal pour venir viſiter vos ouailles. Vous ſeriez trop faché, & nous auſſi, s'il vous falloit quitter le Miniſtére pour l'Apoſtolat.

Puiſſent

---

* Cette lettre eſt de 1722. On l'a imprimée pluſieurs fois, mais on la donne ici ſur l'original. Madame de Rupelmonde étoit fille du Maréchal d'Alegre, mariée à un Seigneur Flamand, & mère du Marquis de Rupelmonde tué en Baviere.

> Puissent Messieurs du Congrès
> En buvant dans cet azile,
> De l'Europe assurer la paix!
> Puissiez-vous aimer votre ville,
> Seigneur, & n'y venir jamais!
> Je sai que vous pouvez faire des Homélies,
> Marcher avec un Porte-croix,
> Entonner la Messe par-fois,
> Et marmoter des Litanies.

> Donnez, donnez plûtôt des exemples aux Rois,
> Unissez à jamais l'esprit à la prudence,
> Qu'on publie en tous lieux vos grandes actions;
> Faites-vous benir de la France,
> Sans donner à Cambray des bénédictions.

Souvenez-vous quelquefois, Monseigneur, d'un homme, qui n'a en vérité d'autre regret que de ne pouvoir pas entretenir votre Eminence aussi souvent qu'il le voudroit, & qui de toutes les graces que vous pouvez lui faire, regarde l'honneur de votre conversation comme la plus flateuse.

LETTRE

LETTRE
DE
MONSIEUR
DE MELON,[*]
Ci-devant Secrétaire du Régent du Royaume,

A
MADAME
LA COMTESSE DE VERRUE,
SUR L'APOLOGIE DU LUXE.

J'ai lu, Madame, l'ingénieuse Apologie du Luxe. Je regarde ce petit ouvrage comme une excellente leçon de Politique, cachée sous un badinage agréable. Je me flatte, d'avoir démontré dans mon Essay politique sur le Commerce, combien ce goût des Beaux-Arts, & cet emploi des richesses, cette ame d'un grand Etat, qu'on nomme Luxe, sont nécessaires pour la circulation de l'espece & pour le maintien de l'industrie; je vous regarde, Madame, comme un des grands exemples de cette vérité. Combien de familles de Paris subsistent uniquement par la protection que vous donnez

---

[*] Cette lettre fut écrite dans le tems que la Piece du Mondain parut en 1736. On trouve le Mondain au Tome IIIme, & on y renvoye le lecteur à cette lettre de Mr. Mélon.

donnez aux Arts ?* Que l'on ceſſe d'aimer les Tableaux, les Eſtampes, les Curioſités en toute forte de genre; voila vingt mille hommes, au moins, ruinés tout-d'un-coup dans Paris, & qui font forcés d'aller chercher de l'emploi chez l'Etranger. Il eſt bon que dans un Canton Suiſſe on faſſe des loix ſomptuaires, par la raiſon qu'il ne faut pas qu'un pauvre vive comme un riche: quand les Hollandois ont commencé leur commerce, ils avoient beſoin d'une extrême frugalité; mais à preſent que c'eſt la Nation de l'Europe qui a le plus d'argent, elle a beſoin de luxe, &c.

ODE

* Madame la Comteſſe de Verrue, mere de Madame la Princeſſe de Carignan, depenſoit cent mille francs en curioſités, elle s'étoit formée un des beaux Cabinets de l'Europe en raretés & en tableaux. Elle raſſembloit chez elle une ſocieté de Philoſophes, auxquels elle fit des legs par ſon teſtament. Elle mourut avec la fermeté & la ſimplicité de la philoſofie la plus intrépide.

ODE
SUR
L'INGRATITUDE.

I.

O toi, mon suport & ma gloire,
Que j'aime à nourrir ma mémoire
Des biens que ta vertu m'a faits!
Lorsqu'en tous lieux l'Ingratitude
Se fait une pénible étude
De l'oubli honteux des bienfaits.

II.

Doux nœuds de la reconnaissance,
C'est par vous que dès mon enfance
Mon cœur à jamais fut lié;
La voix du sang, de la nature,
N'est rien qu'un languissant murmure,
Près de la voix de l'amitié.

III.

Eh quel est en effet mon père?
Celui qui m'instruit, qui m'éclaire,
Dont le secours m'est assuré;
Et celui, dont le cœur oublie
Les biens répandus sur sa vie,
C'est-là le fils dénaturé.

ODE.

IV.

Ingrats, monstres que la nature,
A paîtri d'une fange impure,
Qu'elle dédaigna d'animer,
Il manque à votre ame sauvage,
Des humains le plus beau partage,
Vous n'avez pas le don d'aimer.

V.

Nous admirons le fier courage,
Du lion fumant de carnage,
Simbole du Dieu des Combats.
D'où vient que l'Univers déteste
La couleuvre bien moins funeste?
Elle est l'image des Ingrats.

VI.

Quel monstre plus hideux s'avance?
La nature fuit & s'offense
A l'aspect de ce vieux Giton,
Il a la rage de Zoile,
De Gacon * l'esprit & le stile,
Et l'ame impure de Chausson.

VII.

C'est Desfontaines; c'est ce Prêtre,
Venu de Sodôme à Bissêtre,

De

---

* Gacon étoit un miserable écrivain satirique universellement méprisé. Chausson fut brulé publiquement pour le même crime pour le quel l'Abbé des Fontaines fut mis à Bisrêtre.
** Un Abbé Irlandois, fils d'un chirurgien de Nantes, qui se disoit

O. D. E.

De Bifsêtre au facré Vallon;
A-t-il l'efpérance bizarre,
Que le bucher qu'on lui prépare
Soit fait des lauriers d'Apollon?

VIII.

Il m'a dû l'honneur & la vie,
Et dans fon ingrate furie,
De Rufus lâche imitateur,
Avec moins d'art, & plus d'audace,
De la fange où fa voix croace,
Il outrage fon bienfaiteur.

VIIII.

Qu'un Hibernois,** loin de la France,
Aille enfévelir dans Bizance
Sa honte à l'abri du Croiffant;
D'un œil tranquile & fans colére,
Je vois fon crime & fa mifére,
Il n'emporte que mon argent.

X.

Mais l'ingrat dévoré d'envie,
Trompette de la calomnie,
Qui cherche à flétrir mon honneur;
Voila le raviffeur coupable,

Voila

---

foit de l'ancienne Maifon de M** aîant subfifté long-tems des bienfaits de Mr. de Voltaire, & lui aîant en dernier lieu emprunté deux mille livres, s'affocia en 1732, avec un Ecoffois, nommé Ramfai, qui fe difoit auffi des bons Ramfai, & avec un Officier Français, nommé Mornay; ils pafférent tous trois à Conftantinople, & fe firent circoncire chez le Comte de Bonneval.

Voila le larcin détestable,
Dont je dois punir la noirceur.

XI.

Pardon, si ma main vengeresse
Sur ce monstre un moment s'abaisse
A lancer ces utiles traits,
Et si de la douce peinture,
De ta vertu brillante & pure,
Je passe à ces sombres portraits.

XII.

Mais lorsque Virgile & le Tasse,
Ont chanté dans leur noble audace
Les Dieux de la Terre & des Mers,
Leur Muse que le Ciel inspire
Ouvre le ténebreux empire.
Et peint les monstres des enfers.

MADRIGAL

A MADAME DE ***,
SUR UN PASSAGE DE POPE.

Pope l'Anglais, ce Sage si vanté,
Dans sa Morale au Parnasse embéllie,
Dit que les Biens, les seuls Biens de la vie,
Sont le Repos, l'Aisance & la Santé.
Il s'est trompé. Quoi! dans l'heureux partage
Des dons du Ciel faits à l'humain séjour,
Ce triste Anglais n'a pas compté l'Amour?
Qu'il est à plaindre! Il n'est heureux, ni sage.

A LA MÊME.

En lui envoyant les Oeuvres Mystiques de Fénelon.

Quand de la Guion le charmant Directeur
  Disoit au monde, aimez Dieu pour lui-même,
Oubliez-vous dans votre heureuse ardeur,
  On ne crut point à cet Amour extrême :
  On le traita de chimere & d'erreur.
  On se trompoit ; je connais bien mon cœur,
  Et c'est ainsi, belle Eglé, qu'il vous aime.

A LA MÊME.

De votre esprit la force est si puissante,
  Que vous pourriez vous passer de beauté ;
De vos attraits la trace est si piquante,
  Que sans esprit vous m'auriez enchanté,
Si votre cœur ne sait pas comme on aime,
Ces dons charmans sont des dons superflus,
Un sentiment est cent fois au-dessus
Et de l'esprit, & de la beauté même.

A MADAME DE ***.
LES DEUX AMOURS.

Certain enfant qu'avec crainte on careſſe,
 Et qu'on connaît à ſon malin ſouris,
 Court en tous lieux précédé par les Ris;
 Mais trop ſouvent ſuivi de la Triſteſſe.
Dans les cœurs des humains il entre avec ſoupleſſe;
 Habite avec fierté, s'envole avec mépris.
Il eſt un autre Amour, fils craintif de l'eſtime,
 Soumis dans ſes chagrins, conſtant dans ſes deſirs,
Que la Vertu ſoutient, que la Candeur anime,
 Qui réſiſte aux rigueurs & croît par les plaiſirs.
De cet Amour le flambeau peut paraître
 Moins éclatant; mais ſes feux ſont plus doux.
Voila le Dieu que mon cœur veut pour Maître,
 Et je ne veux le ſervir que pour vous.

A LA MÊME.

Tout est égal, & la nature sage
Veut au niveau ranger tous les Humains:
Esprit, raison, beaux yeux, charmant visage,
Fleur de santé, doux loisir, jours serains;
Vous avez tout, c'est-là votre partage.
Moi, je parais un Etre infortuné,
De la nature enfant abandonné,
Et n'avoir rien semble mon apanage;
Mais vous m'aimez, les Dieux m'ont tout donné.

NANINE

NANINE,

OU

L'HOMME SANS PREJUGÉ.

COMEDIE EN III. ACTES

EN VERS DE DIX SILLABES.

17. Juillet 1749.

PREFACE.

Cette bagatelle fut repréfentée à Paris dans l'été de 1749 parmi la foule des fpectacles, qu'on donne à Paris tous les ans.

Dans cette autre foule beaucoup plus nombreufe de brochures dont on eft inondé, il en parut une dans ce tems-là qui mérite d'être diftinguée. C'eft une differtation ingénieufe & aprofondie d'un Académicien de la Rochelle, fur cette queftion, qui femble partager depuis quelques années la Littérature ; favoir s'il eft permis de faire des comédies attendriffantes. Il paraît fe déclarer fortement contre ce genre, dont la petite Comédie de Nanine tient beaucoup en quelques endroits. Il condamne avec raifon tout ce qui auroit l'air d'une tragédie bourgeoife. En effet, que feroit-ce qu'une intrigue tragique entre des hommes du commun ? Ce feroit feulement avilir le cothurne ; ce feroit manquer à la fois l'objet de la tragédie & de la comédie, ce feroit une efpece bâtarde, un monftre né de l'impuiffance de faire une comédie & une tragédie véritable.

Cet Académicien judicieux blâme fur tout les intrigues romanefques & forcées, dans ce genre de comédie où l'on veut attendrir les fpectateurs, & qu'on apelle par dérifion comédie larmoyante. Mais dans quel genre les intrigues romanefques & forcées peuvent-elles être admifes ? Ne font-elles pas toujours un vice effentiel dans quelque ouvrage que ce puiffe être ? Il conclut enfin en difant que fi dans une comédie l'attendriffement peut aller quelquefois jufqu'aux larmes, il n'apartient qu'à la paffion de l'amour de les faire répandre. Il n'entend pas fans doute l'amour tel qu'il eft repréfenté dans les

PRÉFACE.

bonnes tragédies; l'amour furieux, barbare, funeste, suivi de crimes & de remords. Il entend l'amour naïf & tendre qui seul est du ressort de la comédie.

Cette réflexion en fait naître une autre, qu'on soumet au jugement des gens de lettres. C'est que dans notre nation la tragédie a commencé par s'aproprier le langage de la comédie. Si on y prend garde, l'amour dans beaucoup d'ouvrages dont la terreur & la pitié devroient être l'ame, est traité comme il doit l'être en effet dans le genre comique. La galanterie, les déclarations d'amour, la coqueterie, la naïveté, la familiarité, tout cela ne se trouve que trop chez nos Héros & nos Héroïnes de Rome & de la Grece dont nos théâtres retentissent. De sorte qu'en effet l'amour naïf & attendrissant dans une comédie, n'est point un larcin fait à Melpomene, mais c'est au contraire Melpomene qui depuis long-tems a pris chez nous les brodequins de Talie.

Qu'on jette les yeux sur les premieres tragédies qui eurent de si prodigieux succès vers le tems du Cardinal de Richelieu; la Sophonisbe de Mairet, la Mariane, l'Amour tiranique, Alcionée. On verra que l'amour y parle toujours sur un ton aussi familier & quelquefois aussi bas, que l'héroïsme s'y exprime avec un emphase ridicule. C'est peut-être la raison pour laquelle notre nation n'eut en ce tems-là aucune comédie suportable. C'est qu'en effet le théâtre tragique avoit envahi tous les droits de l'autre. Il est même vraisemblable que cette raison détermina Moliere à donner rarement aux amans qu'il met sur la scene, une passion vive & touchante, il sentoit que la tragédie l'avoit prévenu.

Depuis la Sophonisbe de Mairet, qui fut la premiere piece dans laquelle on trouva quelque régularité, on avoit commencé à regarder les déclarations d'amour des Héros, les réponses artificieuses & coquettes des Princesses, les peintures galantes de l'amour, comme des choses essentielles

PREFACE.

tielles au théâtre tragique. Il est resté des écrits de ce tems-là, dans lesquels on cite avec de grands éloges ces vers que dit Massinissa après la bataille de Cirthe:

> J'aime plus de moitié quand je me sens aimé,
> Et ma flamme s'accroît par un cœur enflammé,
> Comme par une vague une vague s'irrite,
> Un soupir amoureux par un autre s'excite,
> Quand les chaines d'Hymen étreignent deux esprits,
> Un plaisir doit se rendre aussitôt qu'il est pris.

Cette habitude de parler ainsi d'amour influa sur les meilleurs esprits; & ceux même, dont le génie mâle & sublime étoit fait pour rendre en tout à la tragédie son ancienne dignité se laisserent entraîner à la contagion.

On vit dans les meilleures pieces,

> *Un malheureux visage,*
> *Qui d'un Chevalier Romain*
> *Captiva le courage.*

Le Héros dit à sa Maîtresse:

> *Adieu trop vertueux objet & trop charmant.*

L'Héroïne lui répond:

> *Adieu trop malheureux & trop parfait amant.*

Cléopatre dit qu'une Princesse

> aimant sa renommée,
> En avouant qu'elle aime est sure d'être aimée.

Que César;

> Trace des soupirs & d'un stile plaintif,
> Dans son champ de victoire il se dit son captif.

Elle ajoute, qu'il ne tient qu'à elle, d'avoir des rigueurs & de rendre César malheureux. Sur quoi sa Confidente lui répond:

PRÉFACE.

J'oferois bien jurer que vos charmans apas,
Se vantent d'un pouvoir dont ils n'uferont pas.

Dans toutes les piéces du même Auteur qui fuivent la mort de Pompée, on eft obligé d'avouer que l'amour eft tonjours traité de ce ton familier. Mais fans prendre la peine inutile de raporter des éxemples de ces défauts trop vifibles, éxaminons feulement les meilleurs vers, que l'Auteur de Cinna ait fait débiter fur le théâtre, comme maximes de galanteries.

Il eft des nœuds fecrets, il eft des fympathies,
Dont par le doux raport les ames affortres,
S'attachent l'une à l'autre, & fe laiffent piquer,
Par ce je ne fai quoi qu'on ne peut expliquer.

De bonne foi croiroit-on, que ces vers du haut comique fuffent dans la bouche d'une Princeffe des Parthes, qui va demander à fon amant la tête de fa mere? Eft-ce dans un jour fi terrible qu'on parle *d'un je ne fai quoi, dont par le doux raport les ames font afforties?* Sophocles auroit-il débité de tels Madrigaux? Et toutes ces petites fentences amoureufes ne font-elles pas uniquement du reffort de la comédie?

Le grand homme, qui a porté à un fi haut point la véritable éloquence dans les vers, qui a fait parler à l'amour un langage fi touchant à la fois & fi noble, a mis cependant dans fes tragédies plus d'une fcene, que Boileau trouvoit plus propre de la haute Comédie de Térence que du rival & du vainqueur d'Euripide.

On pouroit citer plus de trois cens vers dans ce goût, ce n'eft pas que la fimplicité qui a fes charmes, la naïveté qui quelquefois même tient du fublime, ne foient néceffaires, pour fervir ou de préparation, ou de liaifon & de paffage au pathétique. Mais fi ces traits naïfs & fimples apartiennent même au tragique, à plus forte raifon apartiennent-ils au grand comique, c'eft dans ce

point

PRÉFACE.

point où la tragédie s'abaisse & où la comédie s'éleve que ces deux arts se rencontrent & se touchent. C'est là seulement que leurs bornes se confondent. Et s'il est permis à Oreste & à Herinione de se dire:

Ah! ne souhaitez pas le destin de Pirrhus;
Je vous haïrois trop. vous m'en aimeriez plus,
Ah! que vous me verriez d'un regard moins contraire,
Vous me voulez aimer, & je ne peux vous plaire,
Vous m'aimeriez, Madame, en me voulant haïr;
Car enfin il vous hait, son ame ailleurs éprise,
N'a plus — qui vous l'a dit, Seigneur, qu'il me méprise,
Jugez-vous que ma vûe inspire des mépris?

Si ces Héros, dis-je, se sont exprimés avec cette familiarité, à combien plus forte raison le Misantrope est-il bien reçu à dire à sa Maîtresse avec véhémence:

Rougissez bien plutôt; vous en avez raison,
Et j'ai de sûrs témoins de votre trahison;
Ce n'étoit pas en vain que s'allarmoit ma flamme,
Mais ne présumez pas que sans être vengé,
Je succombe à l'afront de me voir outragé.
Ah! je ne trouverois aucun sujet de plainte,
Si pour moi votre bouche avoit parlé sans feinte,
Mon cœur n'auroit eu droit de s'en prendre qu'au sort,
Mais d'un aveu trompeur voir ma flamme aplaudie,
C'est une trahison, c'est une perfidie,
Qui ne sauroit trouver de trop grands châtimens,
Oui, je peux tout permettre à mes ressentimens;
Redoutez tout, Madame, après un tel outrage,
Je ne suis plus à moi, je suis tout à la rage,
Percé du coup mortel dont vous m'assassinez,
Mes sens par la raison ne sont plus gouvernés,

Certai-

PRÉFACE.

Certainement si toute la piéce du Misantrope étoit dans ce goût, ce ne seroit plus une comédie. Si Oreste & Hermione s'exprimoient toujours comme on vient de le voir, ce ne seroit plus une tragédie. Mais après que ces deux genres si différens se sont ainsi raprochés, ils rentrent chacun dans leur véritable carriere. L'un reprend le ton plaisant & l'autre le ton sublime.

La comédie encore une fois peut donc se passionner, s'emporter, attendrir pourvu qu'ensuite elle fasse rire les honnêtes gens. Si elle manquoit de comique, si elle n'étoit que larmoyante, c'est alors qu'elle seroit un genre très-vicieux, & très-désagréable.

On avoue, qu'il est rare de faire passer les spectateurs insensiblement de l'attendrissement au rire. Mais ce passage, tout difficile qu'il est de le saisir dans une comédie, n'en est pas moins naturel aux hommes. On a déja remarqué ailleurs, que rien n'est plus ordinaire que des avantures qui affligent l'ame, & dont certaines circonstances inspirent ensuite une gaïeté passagere. C'est ainsi malheureusement que le genre humain est fait. Homere représente même les Dieux riant de la mauvaise grace de Vulcain, dans le tems qu'ils décident du destin du monde.

Hector soûrit de la peur de son fils Astianax, tandis qu'Andromaque répand des larmes, on voit souvent jusques dans l'horreur des batailles, des incendies, de tous les désastres qui nous affligent, qu'une naïveté, un bon mot excitent le rire jusques dans le sein de la désolation & de la pitié. On défendit à un Régiment dans la bataille de Spire de faire quartier ; un Officier Allemand demande la vie à l'un des nôtres, qui lui répond: *Monsieur, demandez-moi toute autre chose, mais pour la vie il n'y a pas moyen.* Cette naïveté passe aussitôt de bouche en bouche, & on rit au milieu du carnage.

PRÉFACE.

A combien plus forte raison le rire peut-il succéder dans la comédie à des sentimens touchans ? Ne s'attendrit-on pas avec Alcmene ? Ne rit-on pas avec Sozie ? Quel misérable & vain travail de disputer contre l'expérience! Si ceux qui disputent ainsi, ne se payoient pas de raison & aimoient mieux des vers, on leur citeroit ceux-ci.

> L'amour régne par le délire
> Sur ce ridicule univers.
> Tantôt aux esprits de travers
> Il fait rimer de mauvais vers,
> Tantôt il renverse un empire.
> L'œil en feu, le fer à la main,
> Il frémit dans la Tragédie;
> Non moins touchant & plus humain
> Il anime la Comédie;
> Il affadit dans l'Elégie;
> Et dans un Madrigal badin
> Il se joue aux pieds de Sylvie.
> Tous les genres de Poësie,
> De Virgile jusqu'à Chaulieu,
> Sont aussi soumis à ce Dieu,
> Que tous les états de la vie.

ACTEURS.

ACTEURS.

LE COMTE D'OLBAN, Seigneur retiré à la Campagne.

LA BARONNE DE L'ORME, Parente du Comte, femme impérieuse, aigre, difficile à vivre.

LA MARQUISE D'OLBAN, Mere du Comte.

NANINE, fille élevée à la maison du Comte.

PHILIPPE HOMBERT, Païsan du voisinage.

BLAISE, Jardinier.

GERMON, &

MARIN, Domestiques.

La Scene est dans le Château du Comte d'Olban.

NANINE,
OU
LE PRÉJUGÉ VAINCU.
COMÉDIE.

ACTE PREMIER.

SCENE PREMIERE.
LE COMTE D'OLBAN, LA BARONNE DE L'ORME.

LA BARONNE.

Il faut parler, il faut Monsieur le Comte,
Vous expliquer nettement sur mon compte.
Ni vous ni moi n'avons un cœur tout neuf,
Vous êtes libre & depuis deux ans veuf.
Devers ce tems j'eus cet honneur moi-même;
Et nos procès dont l'embarras extrême,

Etoit

Etoit si triste & si peu fait pour nous,
Sont enterrés ainsi que mon époux.

LE COMTE.

Oui, tout procès m'est fort insuportable.

LA BARONNE.

Ne suis-je pas comme eux fort haïssable?

LE COMTE.

Qui! vous, Madame?

LA BARONNE.

Oui, moi. Depuis deux ans,
Libres tous deux, comme tous deux parens,
Pour terminer nous habitons ensemble,
Le sang, le goût, l'intérêt nous rassemble.

LE COMTE.

Ah l'intérêt! parlez mieux.

LA BARONNE.

Non, Monsieur,
Je parle bien, & c'est avec douleur,
Et je sai trop que votre ame inconstante
Ne me voit plus que comme une parente.

LE COMTE.

Je n'ai pas l'air d'un volage, je croi.

LA BARONNE.

Vous avez l'air de me manquer de foi.

LE COMTE *à part.*

Ah!...

LA BARONNE.

Vous savez que cette longue guerre,

Que mon mari vous faisoit pour ma terre,
A dû finir en confondant nos droits
Dans un Hymen dicté par notre choix:
Votre promesse à ma foi vous engage,
Vous différez, & qui differe outrage.

LE COMTE.

J'attends ma mere.

LA BARONNE.

Elle radote ; bon.

LE COMTE.

Je la respecte & je l'aime.

LA BARONNE.

Et moi, non.

Mais pour me faire un affront qui m'étonne
Assurément vous n'attendez personne,
Perfide, ingrat !

LE COMTE.

D'où vient ce grand courroux,
Qui vous a donc dit tout cela?

LA BARONNE.

Qui? Vous!

Vous, votre ton, votre air d'indifférence,
Votre conduite en un mot qui m'offense,
Qui me souleve & qui choque mes yeux.
Ayez moins tort, où défendez-vous mieux.
Ne vois-je pas l'indignité, la honte,
L'excès, l'affront du goût qui vous surmonte!

Quoi!

Quoi! pour l'objet le plus vil, le plus bas,
Vous me trompez!

LE COMTE.

Non, je ne trompe pas.
Diffimuler n'eft pas mon caractere,
J'étois à vous, vous aviez fû me plaire,
Et j'efpérois avec vous retrouver
Ce que le Ciel a voulu m'enlever,
Gouter en paix dans cet heureux azile
Les nouveaux fruits d'un nœud doux & tranquille;
Mais vous cherchez à détruire vos loix.
Je vous l'ai dit, l'amour a deux carquois:
L'un eft rempli de ces traits tout de flamme,
Dont la douceur porte la paix dans l'ame,
Qui rend plus purs nos goûts, nos fentimens,
Nos foins plus vifs, nos plaifirs plus touchans;
L'autre n'eft plein que de fleches cruelles,
Qui répandant les foupçons, les querelles,
Rebuttent l'ame, y portent la tiédeur,
Font fuccéder les dégoûts à l'ardeur;
Voilà les traits que vous prenez vous-même,
Contre nous deux; & vous voulez qu'on aime!

LA BARONNE.

Oui, j'aurai tort. Quand vous vous détachez,
C'eft donc à moi que vous le reprochez;
Je dois fouffrir vos belles incartades,
Vos procédés, vos comparaifons fades;

Qu'ai-

Qu'ai-je donc fait pour perdre votre cœur?
Que me peut-on reprocher?.
LE COMTE.
Votre humeur.
N'en doutez pas; oui, la beauté, Madame,
Ne plait qu'aux yeux, la douceur charme l'ame.
LA BARONNE.
Mais êtes-vous fans humeur, vous?
LE COMTE.
Moi! non.
J'en ai fans doute, & pour cette raifon,
Je veux, Madame, une femme indulgente,
Dont la beauté douce & compatiffante,
A mes défauts facile à fe plier,
Daigne avec moi me reconcilier;
Me corriger fans prendre un ton cauftique,
Me gouverner fans être tirannique,
Et dans mon cœur pénétrer pas à pas,
Comme un jour doux dans des yeux délicats;
Qui fent le joug, le porte avec murmure,
L'amour tiran eft un Dieu que j'abjure:
Je veux aimer, & ne veux point fervir;
C'eft votre orgueil qui peut feul m'avilir.
J'ai des défauts, mais le ciel fit les femmes
Pour corriger le levain de nos ames,
Pour adoucir nos chagrins, nos humeurs,
Pour nous calmer, pour nous rendre meilleurs.

C'est là leur lot, & pour moi je préfére
Laideur affable, à beauté rude & fiere.

LA BARONNE.

C'est fort bien dit, traître, vous prétendez,
Quand vous m'outrez, m'insultez, m'excédez,
Que je pardonne en lâche complaisante
De vos amours la honte extravagante;
Et qu'à mes yeux un faux air de hauteur,
Excuse en vous les bassessés du cœur.

LE COMTE.

Comment, Madame?

LA BARONNE.

Oui, la jeune Nanine
Fait tout mon tort; un enfant vous domine,
Une servante, une fille des champs
Que j'élevai par mes soins imprudens,
Que par pitié votre facile mere,
Daigna tirer du sein de la misere:
Vous rougissez?

LE COMTE.

Moi! je lui veux du bien.

LA BARONNE.

Non, vous l'aimez, j'en suis très-sûre.

LE COMTE.

Eh bien!
Si je l'aimois, apprenez donc, Madame,
Que hautement je publierois ma flamme.

LA BA-

COMEDIE.

LA BARONNE.

Vous en êtes capable ?

LE COMTE.

Aſſurément.

LA BARONNE.

Vous oſeriez trahir impudemment,
De votre rang toute la bienſéance,
Humilier ainſi votre naiſſance,
Et dans la honte où vos ſens ſont plongés,
Braver l'honneur !

LE COMTE.

Dites les préjugés.
Je ne prends point, quoi qu'on en puiſſe croire,
La vanité pour l'honneur & la gloire :
L'éclat vous plait, vous mettez la grandeur
Dans des blazons, je la veux dans le cœur ;
L'homme de bien, modeſté avec courage,
Et la beauté ſpirituelle, ſage,
Sans bien, ſans nom, ſans tous ces titres vains,
Sont à mes yeux les premiers des humains.

LA BARONNE.

Il faut au moins être bon gentil-homme.
Un vil ſavant, un obſcur honnête homme,
Seroit chez vous pour un peu de vertu,
Comme un Seigneur avec honneur reçû.

LE COMTE.

Le vertueux auroit la préférence.

LA BARONNE.

Peut-on souffrir cette humble extravagance?
Ne doit-on rien, s'il vous plait, à son rang.

LE COMTE.

Etre honnête homme, est ce qu'on doit.

LA BARONNE.

Mon sang
Exigeroit un plus haut caractere.

LE COMTE.

Il est très-haut, il brave le vulgaire.

LA BARONNE.

Vous dégradez ainsi la qualité!

LE COMTE.

Non. Mais j'honore ainsi l'humanité.

LA BARONNE.

Vous êtes fou : quoi le public, l'usage!

LE COMTE.

L'usage est fait pour le mépris du sage,
Je me conforme à ses ordres gênans
Pour mes habits, non pour mes sentimens,
Il faut être homme, & d'une ame sensée
Avoir à soi ses goûts & sa pensée;
Irai-je en sot aux autres m'informer
Qui je dois fuir, chercher, louer, blamer:
Quoi, de mon être il faudra qu'on décide?
J'ai ma raison, c'est ma mode & mon guide;
Le singe est né pour être imitateur,
Et l'homme doit agir d'après son cœur.

COMEDIE.

LA BARONNE.

Voila parler en homme libre, en sage,
Allez, aimez des filles de village;
Cœur noble & grand, soyez l'heureux rival,
Du magister & du greffier fiscal,
Soutenez bien l'honneur de votre race,

LE COMTE.

Ah juste ciel, que faut-il que je fasse!

SCENE II.

LE COMTE, LA BARONNE, BLAISE.

LE COMTE.

Que veux-tu, toi?

BLAISE.

C'est votre Jardinier
Qui vient, Monsieur, humblement suplier
Votre Grandeur.

LE COMTE.

Ma Grandeur! Eh bien, Blaise,
Que te faut-il?

BLAISE.

Mais, c'est, ne vous déplaise,
Que je voudrois me marier.

LE COMTE.

D'accord,
Très-volontiers. Ce projet me plait fort,

Je t'aiderai, j'aime qu'on se marie,
Et la future, est-elle un peu jolie?

BLAISE.

Ah! oui. Ma foi c'est un morceau friand.

LA BARONNE.

Et Blaise en est aimé?

BLAISE.

Certainement.

LE COMTE.

Et nous nommons cette beauté divine;

BLAISE.

Mais, c'est...

LE COMTE.

Eh bien....

BLAISE.

C'est la belle Nanine.

LE COMTE.

Nanine!

LA BARONNE.

Ah, bon! Je ne m'oppose point
A de pareils amours.

LE COMTE *à part*.

Ciel! à quel point
On m'avilit! Non, je ne le puis être.

BLAISE.

Ce parti-là doit bien plaire à mon maître.

COMEDIE.

LE COMTE.

Tu dis qu'on t'aime, impudent!

BLAISE.

Ah! pardon.

LE COMTE.

T'a-t-elle dit qu'elle t'aimât?

BLAISE.

Mais... Non,
Pas tout à fait, elle m'a fait entendre,
Tant seulement qu'elle a pour nous du tendre,
D'un ton si bon, si doux, si familier,
Elle m'a dit cent fois, cher Jardinier,
Cher ami Blaise, aide-moi donc à faire
Un beau bouquet de fleurs qui puisse plaire
A Monseigneur, à ce Maître charmant;
Et puis, d'un air si touché, si touchant,
Elle faisoit ce bouquet, & sa vûe
Etoit troublée, elle étoit toute émûe,
Toute rêveuse, avec un certain air,
Un air, la, qui! peste, l'on y voit clair.

LE COMTE.

Blaise, va-t'en.... Quoi, j'aurois sû lui plaire.

BLAISE.

Ça, n'allez pas trainasser notre affaire.

LE COMTE.

Hem!...

BLAISE.

BLAISE.

Vous verrez comme ce terrain-là,
Entre mes mains bientôt profitera :
Répondez donc, pourquoi ne me rien dire ?

LE COMTE.

Ah ! mon cœur est trop plein. Je me retire...
Adieu, Madame.

SCENE III.
LA BARONNE, BLAISE

LA BARONNE.

Il l'aime comme un fou,
J'en suis certaine, & comment donc ! par où ?
Par quels attraits, par quelle heureuse adresse,
A-t-elle pû me ravir sa tendresse !
Nanine ! ô Ciel ! quel choix ! quelle fureur !
Nanine ! non. J'en mourrai de douleur.

BLAISE *(revenant.)*

Ah ! vous parlez de Nanine.

LA BARONNE.

Insolente !

BLAISE.

Est-il pas vrai que Nanine est charmante ?

LA BARONNE.

Non.

BLAISE.

COMEDIE.

BLAISE.

Eh s'y fait; parlez un peu pour nous,
Protégez Blaise.

LA BARONNE.

Ah quels horribles coups!

BLAISE.

J'ai des écus, Pierre Blaise mon pere
M'a bien laissé trois bons journaux de terre,
Tout est pour elle, écus comptans, journaux,
Tout mon avoir, & tout ce que je vaux,
Mon corps, mon cœur, tout moi-même, tout Blaise.

LA BARONNE.

Autant que toi, crois que j'en serois aise,
Mon pauvre enfant si je peux te servir;
Tous deux ce soir je voudrois vous unir,
Je lui payerai sa dot.

BLAISE.

Digne Baronne,
Que j'aimerai votre chere personne,
Que de plaisir! est-il possible?

LA BARONNE.

Hélas!
Je crains, ami, de ne réussir pas.

BLAISE.

Ah par pitié, réussissez Madame,

LA BARONNE.

Va. Plût au Ciel qu'elle devint ta femme.

P 5   Attends

Attends mon ordre.

BLAISE.

Eh! puis-je attendre!

LA BARONNE.

Va.

BLAISE.

Adieu. J'aurai ma foi cet enfant-là.

SCENE IV.

LA BARONNE *(seule.)*

Vit-on jamais une telle avanture!
Peut-on sentir une plus vive injure?
Plus lâchement se voir sacrifier?
Le Comte Olban rival d'un Jardinier!

(à un Laquais.)

Hola, quelqu'un. Qu'on appelle Nanine.
C'est mon malheur qu'il faut que j'éxamine.
Où pouroit-elle avoir pris l'art flatteur,
L'art de séduire & de garder un cœur,
L'art d'allumer un feu vif & qui dure?
Où? dans ses yeux, dans la simple nature.
Je crois pourtant que cet indigne amour,
N'a point encor osé se mettre au jour;
J'ai vû qu'Olban se respecte avec elle,
Ah! c'est encore une douleur nouvelle?

J'espére-

J'efpérerois s'il fe refpectoit moins.
D'un amour vrai le traître a tous les foins.
Ah la voici, je me fens au fupplice ;
Que la nature eft pleine d'injuftice?
A qui va-t-elle accorder la beauté ?
C'eft un affront fait à la qualité,
Approchez-vous, venez Mademoifelle.

SCENE V.

LA BARONNE, NANINE.

NANINE.

Madame.

LA BARONNE.

Mais ! eft-elle donc fi belle ?
Ces grands yeux noirs ne difent rien du tout ;
Mais s'ils ont dit, j'aime... ah je fuis à bout.
Poffédons-nous... Venez.

NANINE.

Je viens me rendre
A mon devoir.

LA BARONNE.

Vous vous faites attendre
Un peu de tems, avancez-vous. Comment !
Comme elle eft mife ! & quel ajuftement !

Il n'eft

Il n'est pas fait pour une créature
De votre espéce.

NANINE.

Il est vrai. Je vous jure,
Par mon respect, qu'en secret j'ai rougi
Plus d'une fois d'être vétue ainsi;
Mais c'est l'effet de vos bontés premieres,
De ces bontés qui me font toujours cheres:
De tant de soins vous daigniez m'honorer!
Vous vous plaisiez vous-même à me parer,
Songez combien vous m'aviez protégée,
Sous cet habit je ne suis point changée:
Voudriez-vous, Madame, humilier
Un cœur soumis, qui ne peut s'oublier!

LA BARONNE.

Approchez-moi ce fauteuil?... Ah j'enrage...
D'où venez-vous?

NANINE.

Je lisois.

LA BARONNE.

Quel ouvrage?

NANINE.

Un livre anglais dont on m'a fait présent.

LA BARONNE.

Sur quel sujet?

NANINE.

Il est intéressant,

L'auteur

L'auteur prétend que les hommes font freres,
Nés tous égaux. Mais ce font des chimeres,
Je ne puis croire à cette égalité.

    LA BARONNE.

Elle y croira. Quel fond de vanité!
Que l'on m'aporte ici mon écritoire.

    NANINE.

J'y vais.

    LA BARONNE.

  Restez. Que l'on me donne à boire.

    NANINE.

Quoi?

    LA BARONNE.

  Rien. Prenez mon éventail. Sortez.
Allez chercher mes gands. Laissez. Restez;
Avancez-vous. Gardez-vous; je vous prie,
D'imaginer que vous soyez jolie.

    NANINE.

Vous me l'avez si souvent répété,
Que si j'avois ce fond de vanité,
Si l'amour propre avoit gâté mon ame,
Je vous devrois ma guérison, Madame.

    LA BARONNE.

Où trouve-t-elle ainsi ce qu'elle dit?
Que je la hais! quoi, belle, & de l'esprit!

    (avec dépit.)

Ecoutez-moi. J'eus bien de la tendresse
Pour votre enfance,

    NANINE.

NANINE.

Oui. Puisse ma jeunesse
Etre honorée encor de vos bontés.

LA BARONNE.

Eh bien, voyez si vous les méritez.
Je prétends, moi, ce jour, cette heure même,
Vous établir ; jugez si je vous aime.

NANINE.

Moi !

LA BARONNE.

Je vous donne une dot. Votre Epoux,
Est fort bien fait, & très-digne de vous.
C'est un parti de tout point fort sortable ;
C'est le seul même aujourd'hui convenable,
Et vous devez bien m'en remercier.
C'est en un mot Blaise le Jardinier.

NANINE.

Blaise, Madame ?

LA BARONNE.

Oui. D'où vient ce sourire !
Hésitez-vous un moment d'y souscrire ?
Mes offres sont un ordre, entendez-vous ?
Obéissez, ou craignez mon courroux.

NANINE.

Mais...

LA BARONNE.

Apprenez qu'un *mais* est une offense,
Il vous sied bien d'avoir l'impertinence

De

De refuser un mari de ma main !
Ce cœur si simple est devenu bien vain,
Mais votre audace est trop prématurée,
Votre triomphe est de peu de durée;
Vous abusez du caprice d'un jour,
Et vous verrez quel en est le retour,
Petite ingrate, objet de ma colere,
Vous avez donc l'insolence de plaire,
Vous m'entendez ; je vous ferai rentrer
Dans le néant dont j'ai sû vous tirer:
Tu pleureras ton orgueil, ta folie,
Je te ferai renfermer pour ta vie
Dans un couvent.

NANINE.

J'embrasse vos genoux;
Renfermez-moi, mon sort sera trop doux.
Oui, des faveurs que vous vouliez me faire,
Cette rigueur est pour moi la plus chere;
Enfermez-moi dans un cloître à jamais,
J'y bénirai mon maître & vos bienfaits;
J'y calmerai des allarmes mortelles,
Des maux plus grands, des craintes plus cruelles,
Des sentimens plus dangereux pour moi,
Que ce courroux qui me glace d'effroi.
Madame, au nom de ce courroux extrême,
Délivrez-moi, s'il se peut, de moi-même,
Dès cet instant je suis prête à partir.

LA BA-

LA BARONNE.
Eſt-il poſſible ! & que viens-je d'ouïr !
Eſt-il bien vrai ? me trompez-vous, Nanine?
NANINE.
Non. Faites-moi cette faveur divine ;
Mon cœur en a trop beſoin.
LA BARONNE,
(avec un emportement de tendreſſe.)
Leve-toi.
Que je t'embraſſe, ô jour heureux pour moi.
Ma chere amie ! eh bien je vais ſur l'heure,
Préparer tout pour choiſir ta demeure,
Ah quel plaiſir que de vivre en couvent !
NANINE.
C'eſt pour le moins un abri conſolant.
LA BARONNE.
Non. C'eſt ma fille un ſéjour délectable.
NANINE.
Le croyez-vous ?
LA BARONNE.
Le monde eſt haïſſable,
Jaloux.
NANINE.
Oh oui.
LA BARONNE.
Fou, méchant, vain, trompeur,
Changeant, ingrat, tout cela fait horreur.

NANINE.

NANINE.

Oui. J'entrevois qu'il me feroit funefte,
Qu'il faut le fuir...

LA BARONNE.

La chofe eft manifefte,
Un bon couvent eft un port affuré:
Monfieur le Comte, ah je vous préviendrai.

NANINE.

Que dites-vous de Monfeigneur?

LA BARONNE.

Je t'aime
A la fureur, & dès ce moment même,
Je voudrois bien te faire le plaifir
De t'enfermer pour ne jamais fortir.
Mais il eft tard, hélas il faut attendre
Le point du jour. Ecoute, il faut te rendre
Vers le minuit dans mon appartement;
Nous partirons d'ici fecrettement;
Pour ton Couvent à cinq heures fonnantes,
Sois prête au moins.

SCENE VI.

NANINE, *feule.*

Quelles douleurs cuifantes?
Quel embarras! quel tourment! quel deffein!
Quels fentimens combattent dans mon fein!

Hélas!

Hélas! je fuis le plus aimable maître,
En le fuyant je l'offense peut-être.
Mais en restant, l'excès de ses bontés
M'attireroit trop de calamités;
Dans sa maison mettroit un trouble horrible,
Madame croit qu'il est pour moi sensible,
Que jusqu'à moi ce cœur peut s'abaisser,
Je le redoute, & n'ose le penser.
De quel courroux Madame est animée?
Quoi, l'on me hait, & je crains d'être aimée?
Mais moi, mais moi! je me crains encor plus;
Mon cœur troublé, de lui-même est confus.
Que devenir? de mon état tirée,
Pour mon malheur je suis trop éclairée.
C'est un danger, c'est peut-être un grand tort
D'avoir une ame au-dessus de son sort.
Il faut partir; j'en mourrai, mais n'importe.

SCENE VII.

LE COMTE, NANINE, UN LAQUAIS.

LE COMTE.

Hola, quelqu'un, qu'on reste à cette porte,
Des siéges, vite.

Il fait la révérence à Nanine qui lui en fait une profonde.

Asséyons-nous ici.

NANINE.

COMEDIE.

NANINE.
Qui moi, Monsieur?

LE COMTE.
Oui. Je le veux ainsi,
Et je vous rends ce que votre conduite,
Votre beauté, votre vertu mérite.
Un diamant trouvé dans un défert
Eft-il moins beau, moins précieux, moins cher?
Quoi! vos beaux yeux femblent mouillés de larmes.
Ah! je le vois. Jaloufe de vos charmes,
Notre Baronne aura par fes aigreurs,
Par fon courroux, fait répandre vos pleurs.

NANINE.
Non, Monfieur, non, fa bonté refpectable
Jamais pour moi ne fut fi favorable,
Et j'avouerai qu'ici tout m'attendrit.

LE COMTE.
Vous me charmez; je craignois fon dépit.

NANINE.
Hélas! pourquoi?

LE COMTE.
Jeune & belle Nanine,
La jaloufie en tous les cœurs domine.
L'homme eft jaloux dès qu'il peut s'enflâmer;
La femme l'eft même avant que d'aimer.
Un jeune objet, beau, doux, difcret, fincere,
A tout fon fexe eft bien fûr de déplaire.

L'homme est plus juste, & d'un sexe jaloux
Nous vous vengeons autant qu'il est en nous.
Croyez surtout que je vous rends justice,
J'aime ce cœur qui n'a point d'artifice,
J'admire encore à quel point vous avez
Développé vos talens cultivés;
De votre esprit la naïve justesse
Me rend surpris autant qu'il m'intéresse.

NANINE.

J'en ai bien peu: Mais quoi! je vous ai vû,
Et je vous ai tous les jours entendu,
Vous avez trop rélevé ma naissance,
Je vous dois trop, c'est par vous que je pense.

LE COMTE.

Ah! croyez-moi, l'esprit ne s'apprend pas.

NANINE.

Je pense trop pour un état si bas,
Au dernier rang les destins m'ont comprise.

LE COMTE.

Dans le premier vos vertus vous ont mise.
Naïvement dites-moi quel effet
Ce livre anglais sur votre esprit a fait?

NANINE.

Il ne m'a point du tout persuadée:
Plus que jamais, Monsieur, j'ai dans l'idée
Qu'il est des cœurs si grands, si généreux,
Que tout le reste est bien vil auprès d'eux.

LE

COMÉDIE.

LE COMTE.

Vous en êtes la preuve... Ah ça, Nanine,
Permettez-moi qu'ici l'on vous destine
Un sort, un rang, moins indigne de vous.

NANINE.

Hélas! mon sort étoit trop haut, trop doux.

LE COMTE.

Non. Désormais soyez de la famille;
Ma mere arrive, elle vous voit en fille;
Et mon estime & sa tendre amitié
Doivent ici vous mettre sur un pié
Fort éloigné de cette indigne gêne
Où vous tenoit une femme hautaine.

NANINE.

Elle n'a fait, hélas! que m'avertir
De mes devoirs... Qu'ils sont durs à remplir!

LE COMTE.

Quoi? quel devoir? Ah! le vôtre est de plaire;
Il est rempli. Le nôtre ne l'est guere:
Il vous falloit plus d'aisance & d'éclat,
Vous n'êtes pas encor dans votre état.

NANINE.

J'en suis sortie, & c'est ce qui m'accable;
C'est un malheur peut-être irréparable.

(se levant.)

Ah, Monseigneur! ah, mon Maître! écartez
De mon esprit toutes ces vanités.

De vos bienfaits, confuse, pénétrée,
Laissez-moi vivre à jamais ignorée.
Le Ciel me fit pour un état obscur,
L'humilité n'a pour moi rien de dur.
Ah! laissez-moi ma retraite profonde
Et que ferois-je & que verrois-je au monde,
Après avoir admiré vos vertus?

LE COMTE.

Non, c'en est trop, je n'y résiste plus.
Qui? vous, obscure! vous!

NANINE.

Quoi que je fasse,
Puis-je de vous obtenir une grace?

LE COMTE.

Qu'ordonnez-vous? parlez.

NANINE.

Depuis un tems
Votre bonté me comble de présens.

LE COMTE.

Eh bien pardon. J'en agis comme un pere,
Un pere tendre à qui sa fille est chere;
Je n'ai point l'art d'embellir un présent,
Et je suis juste & ne suis point galant.
De la fortune il faut venger l'injure;
Elle vous traita mal. Mais la nature
En récompense a voulu vous doter
De tous ses biens; j'aurois dû l'imiter.

NANINE.

NANINE.
Vous en avez trop fait; mais je me flatte
Qu'il m'eſt permis ſans que je ſois ingratte,
De diſpoſer de ces dons précieux,
Que votre main rend ſi chers à mes yeux.
LE COMTE.
Vous m'outragez.

SCENE VIII.
LE COMTE, NANINE, GERMON.

GERMON.
Madame vous demande,
Madame attend.
LE COMTE.
Eh, que Madame attende.
Quoi! l'on ne peut un moment vous parler,
Sans qu'auſſitôt on vienne nous troubler?
NANINE.
Avec douleur, ſans doute, je vous laiſſe,
Mais vous ſavez qu'elle fut ma maîtreſſe.
LE COMTE.
Non, non. Jamais je ne veux le ſavoir.
NANINE.
Elle conſerve un reſte de pouvoir.

LE COMTE.

Elle n'en garde aucun, je vous assure:
Vous gémissez... Quoi! votre cœur murmure,
Qu'avez-vous donc?

NANINE.

Je vous quitte à regret,
Mais il le faut... O Ciel! c'en est donc fait.
Elle sort.

SCENE IX.

LE COMTE *seul*.

Elle pleuroit; d'une femme orgueilleuse,
Depuis long-tems l'aigreur capricieuse
La fait gémir sous trop de dureté;
Et de quel droit ? par quelle autorité ?
Sur ces abus ma raison se récrie.
Ce monde-ci n'est qu'une loterie
De biens, de rangs, de dignités, de droits,
Brigués sans titre, & répandus sans choix.
Eh...

GERMON.

Monseigneur.

LE COMTE.

Demain sur sa toilette
Vous porterez cette somme complette

De trois cent Louis d'or; n'y manquez pas.
Puis vous irez chercher ses gens là-bas;
Ils attendront.

GERMON.

Madame la Baronne
Aura l'argent que Monseigneur me donne
Sur sa toilette.

LE COMTE.

Eh! l'esprit lourd: eh non!
C'est pour Nanine, entendez-vous?

GERMON.

Pardon.

LE COMTE.

Allez, allez, laissez-moi.

Germon sort.

Ma tendresse
Assurément n'est point une faiblesse:
Je l'idolâtre, il est vrai, mais mon cœur
Dans ses yeux seuls n'a point pris son ardeur.
Son caractere est fait pour plaire au sage,
Et sa belle ame a mon premier hommage.
Mais son état?... Elle est trop au-dessus.
Fut-il plus bas, je l'en aimerois plus.
Mais puis-je enfin l'épouser? Oui, sans doute.
Pour être heureux qu'est-ce donc qu'il en coûte?

D'un

D'un monde vain dois-je craindre l'écueil,
Et de mon goût me priver par orgueil?
Mais la coutume... Eh bien, elle est cruelle,
Et la nature eut ses droits avant elle.
Eh quoi! rival de Blaise! pourquoi non?
Blaise est un homme. Il l'aime. Il a raison.
Elle fera dans une paix profonde,
Le bien d'un seul & les desirs du monde.
Elle doit plaire aux Jardiniers, aux Rois,
Et mon bonheur justifiera mon choix.

Fin du premier Acte.

ACTE

ACTE II.

SCENE I.

LE COMTE D'OLBAN *seul.*

Ah ! cette nuit est une année entiere ;
Que le sommeil est loin de ma paupiere !
Tout dort ici, Nanine dort en paix ;
Un doux repos rafraîchit ses attraits :
Et moi je vais, je cours, je veux écrire,
Je n'écris rien. Vainement je veux lire.
Mon œil troublé voit les mots sans les voir,
Et mon esprit ne les peut concevoir.
Dans chaque mot le seul nom de Nanine
Est imprimé par une main divine.
Hola, quelqu'un, qu'on vienne. Quoi ! mes gens
Sont-ils pas las de dormir si long-tems ?
Germon, Marin.

MARIN *derriere le Théâtre.*

J'accours.

LE COMTE.

Quelle paresse !
Eh ! venez vîte, il fait jour : le tems presse.
Arrivez donc.

MARIN.

MARIN.

Eh, Monsieur, quel lutin
Vous a sans nous éveillé si matin?

LE COMTE.

L'amour.

MARIN.

Oh, oh! la Baronne de l'Orme
Ne permet pas qu'en ce logis on dorme;
Qu'ordonnez-vous?

LE COMTE.

Je veux, mon cher Marin,
Je veux avoir au plus tard pour demain
Six chevaux neufs, un nouvel équipage,
Femme de chambre adroite, bonne & sage;
Valet de chambre, avec deux grands laquais,
Point libertins, qu'ils soient jeunes, bien faits;
Des diamans, des boucles des plus belles,
Des bijoux d'or, des étoffes nouvelles.
Pars dans l'instant, cours en poste à Paris,
Creve tous les chevaux.

MARIN.

Vous voila pris.
J'entends, j'entends. Madame la Baronne
Est la maîtresse aujourd'hui qu'on nous donne,
Vous l'épousez?

LE COMTE.

Quel que soit mon projet,
Vole & reviens.

MARIN.

Vous ferez satisfait.

SCENE II.

LE COMTE *seul.*

Quoi! j'aurai donc cette douceur extrême,
De rendre heureux, d'honorer ce que j'aime.
Notre Baronne avec fureur criera,
Très-volontiers, & tant qu'elle voudra,
Les vains discours, le monde, la Baronne,
Rien ne m'émeut, & je ne crains personne.
Aux préjugés c'est trop être soumis,
Il faut les vaincre, ils sont nos ennemis;
Et ceux qui font les esprits raisonnables,
Plus vertueux, sont les seuls respectables.
Eh mais . . . quel bruit entens-je dans ma cour?
C'est un carosse. Oui . . . mais . . . au point du jour
Qui peut venir? . . . C'est ma mere peut-être.
Germon . . .

GERMON *arrivant.*
Monsieur.

LE COMTE.
Vois ce que ce peut être.

GERMON.
C'est un carosse.

LE COMTE.
Eh qui? Par quel hazard?
Qui vient ici?

GER.

GERMON.
L'on ne vient point. L'on part.
LE COMTE.
Comment on part?
GERMON.
Madame la Baronne
Sort tout à l'heure.
LE COMTE.
Oh je le lui pardonne,
Que pour jamais puisse-t-elle sortir.
GERMON.
Avec Nanine elle est prête à partir.
LE COMTE.
Ciel! que dis-tu? Nanine?
GERMON.
La suivante
Le dit tout haut.
LE COMTE.
Quoi donc?
GERMON.
Votre parente
Part avec elle. Elle va, ce matin,
Mettre Nanine à ce Couvent voisin.
LE COMTE.
Courons, volons. Mais quoi! que vais-je faire!
Pour leur parler je suis trop en colere;

N'im-

COMEDIE. 255

N'importe : allons. Quand je devrois... mais non,
On verroit trop toute ma paſſion ;
Qu'on ferme tout, qu'on vole, qu'on l'arrête,
Répondez-moi d'elle ſur votre tête :
Amenez-moi Nanine.
Germon ſort.

Ah juſte ciel ?
On l'enlevoit. Quel jour! quel coup mortel!,
Qu'ai-je donc fait, pourquoi, par quel caprice,
Par quelle ingrate & cruelle injuſtice ?
Qu'ai-je donc fait hélas ! que l'adorer,
Sans la contraindre, & ſans me déclarer,
Sans allarmer ſa timide innocence !
Pourquoi me fuir ? je m'y perds plus j'y penſe.

SCENE III.
LE COMTE, NANINE.

LE COMTE.

Belle Nanine, eſt-ce vous que je vois ?
Quoi vous voulez vous dérober à moi ?
Ah répondez, expliquez-vous de grace ;
Vous avez craint, ſans doute, la menace
De la Baronne ; & ces purs ſentimens
Que vos vertus m'inſpirent dès long-tems,
Plus que jamais l'auront ſans doute aigrie.
Vous n'auriez point de vous-même eû l'envie

De

De nous quitter, d'arracher à ces lieux
Leur seul éclat, que leur prétoient vos yeux.
Hier au soir, de pleurs toute trempée,
De ce dessein étiez-vous occupée?
Répondez donc. Pourquoi me quittiez-vous?

NANINE.

Vous me voyez tremblante à vos genoux.

LE COMTE *(la relevant.)*

Ah parlez-moi. Je tremble plus encore.

NANINE.

Madame.

LE COMTE.

Eh bien?

NANINE.

Madame, que j'honore,
Pour le Couvent n'a point forcé mes vœux.

LE COMTE.

Ce seroit-vous! qu'entens-je! ah malheureux!

NANINE.

Je vous l'avoue: oui, je l'ai conjurée
De mettre un frein à mon ame égarée.
. . . Elle vouloit, Monsieur, me marier.

LE COMTE.

Elle! à qui donc?

NANINE.

. . A votre Jardinier.

LE COMTE.

Le digne choix!

NANINE.

COMEDIE.
NANINE.

Et moi toute honteuse,
Plus qu'on ne croit peut-être malheureuse,
Moi qui repousse avec un vain effort
Des sentimens au-dessus de mon sort,
Que vos bontés avoient trop élevée ;
Pour m'en punir j'en dois être privée.

LE COMTE.

Vous ? vous punir ? ah Nanine ! & de quoi ?

NANINE.

D'avoir osé soulever contre moi
Votre parente, autrefois ma maîtresse.
Je lui déplais, mon seul aspect la blesse ;
Elle a raison ; & j'ai près d'elle hélas !
Un tort bien grand . . . qui ne finira pas.
J'ai craint ce tort, il est peut-être extrême.
J'ai prétendu m'arracher à moi-même,
Et déchirer dans les austérités,
Ce cœur trop haut, trop fier de vos bontés,
Venger sur lui sa faute involontaire.
Mais ma douleur hélas la plus amere,
En perdant tout, en courant m'éclipser,
En vous fuyant, fut de vous offenser.

LE COMTE, *(se détournant & se promenant.)*

Quels sentimens, & quelle ame ingénue !
En ma faveur est-elle prévenue ?
A-t-elle craint de m'aimer ? ô vertu !

NANINE.

Cent fois pardon si je vous ai déplû.
Mais permettez qu'au fonds d'une retraite,
J'aille cacher ma douleur inquiette;
M'entretenir en secret à jamais,
De mes devoirs, de vous, de vos bienfaits.

LE COMTE.

N'en parlons plus. Ecoutez : la Baronne
Vous favorise, & noblement vous donne
Un domestique, un rustre pour époux;
Moi j'en sai un moins indigne de vous.
Il est d'un rang fort au-dessus de Blaise,
Jeune, honnête homme, il est fort à son aise;
Je vous réponds qu'il a des sentimens;
Son caractere est loin des mœurs du tems;
Et je me trompe, ou pour vous j'envisage
Un destin doux, un excellent ménage.
Un tel parti flatte-t-il votre cœur?
Vaut-il pas bien le Couvent?

NANINE.

. . . Non Monsieur. . .
Ce nouveau bien que vous daignez me faire,
Je l'avouerai, ne peut me satisfaire;
Vous pénétrez mon cœur reconnaissant;
Daignez y lire, & voyez ce qu'il sent.
Voyez sur quoi ma retraite se fonde,
Un Jardinier, un Monarque du monde,

Qui pour époux s'offriroit à mes vœux,
Egalement me déplairoient tous deux.
LE COMTE.
Vous décidez mon fort. Eh bien Nanine;
Connaissez donc celui qu'on vous destine:
Vous l'estimez; il est sous votre loi,
Il vous adore, & cet époux . . . c'est moi.
L'étonnement, le trouble l'a saisie.
Ah parlez-moi: disposez de ma vie,
Ah reprenez vos sens trop agités.
NANINE.
Qu'ai-je entendu!
LE COMTE.
    Ce que vous méritez.
NANINE.
Quoi vous m'aimez . . . ah gardez-vous de croire,
Que j'ose user d'une telle victoire.
Non, Monsieur, non, je ne souffrirai pas
Qu'ainsi pour moi vous descendiez si bas;
Un tel hymen est toujours trop funeste,
Le goût se passe, & le repentir reste.
J'ose à vos pieds attester vos ayeux...
Hélas sur moi ne jettez point les yeux.
Vous avez pris pitié de mon jeune âge;
Formé par vous, ce cœur est votre ouvrage,
Il en seroit indigne désormais,
S'il acceptoit le plus grand des bienfaits,

Oui, je vous dois des refus, oui, mon ame
Doit s'immoler.

LE COMTE.

Non, vous ferez ma femme :
Quoi ! tout à l'heure, ici vous m'affuriez,
Vous l'avez dit, que vous refuferiez
Tout autre époux, fut-ce un prince.

NANINE.

Oui fans doute,
Et ce n'eft pas ce refus qui me coûte.

LE COMTE.

Mais me haïffez-vous ?

NANINE.

Aurois-je fui ;
Craindrois-je tant, fi vous étiez haï ?

LE COMTE.

Ah ! ce mot feul a fait ma deftinée.

NANINE.

Eh ! que prétendez-vous ?

LE COMTE.

Notre hyménée.

NANINE.

Songez.

LE COMTE.

Je fonge à tout.

NANINE.

Mais prévoyez.

LE COMTE.

Tout est prévû.

NANINE.

Si vous m'aimez, croyez.

LE COMTE.

Je crois former le bonheur de ma vie.

NANINE.

Vous oubliez.

LE COMTE.

Il n'est rien que j'oublie.
Tout fera prêt & tout est ordonné.

NANINE.

Quoi malgré moi votre amour obstiné.

LE COMTE.

Oui, malgré vous ma flamme impatiente,
Va tout presser pour cette heure charmante;
Un seul instant je quitte vos attraits,
Pour que mes yeux n'en soient privés jamais;
Adieu, Nanine, adieu vous que j'adore.

⁂⁂⁂⁂⁂⁂⁂⁂⁂⁂⁂⁂⁂

SCENE IV.

NANINE seule.

Ciel est-ce un rêve! & puis-je croire encore,
Que je parvienne au comble du bonheur!
Non, ce n'est pas l'excès d'un tel honneur,

Tout grand qu'il eſt, qui me plait & me frappe;
A mes regards tant de grandeurs échappe.
Mais épouſer ce mortel généreux,
Lui, cet objet de mes timides vœux,
Lui que j'avois tant craint d'aimer ; que j'aime,
Lui qui m'éleve au-deſſus de moi-même;
Je l'aime trop pour pouvoir l'avilir ;
Je devrois . . . non, je ne peux plus le fuir,
Non, mon état ne ſauroit ſe comprendre.
Moi l'épouſer ? quel parti dois-je prendre ?
Le ciel pourra m'éclairer aujourd'hui,
Dans ma faibleſſe il m'envoye un appui.
Peut-être même. . . Allons, il faut écrire,
Il faut . . . par où commencer, & que dire?
Quelle ſurpriſe? écrivons promptement,
Avant d'oſer prendre un engagement.

Elle ſe met à écrire.

SCENE V.

NANINE, BLAISE.

BLAISE.

Ah! la voici. Madame la Baronne,
En ma faveur vous a parlé, mignonne.
Ouais. Elle écrit ſans me voir ſeulement.

NANINE

COMEDIE.

NANINE *écrivant toujours.*

Blaife, bon jour.

BLAISE.

Bon jour eft fec vraiment.

NANINE *écrivant.*

A chaque mot mon embarras redouble,
Toute ma Lettre eft pleine de mon trouble.

BLAISE.

Le grand génie! elle écrit tout courant;
Qu'elle a d'efprit! & que n'en ai-je autant!
Ça, je difois.

NANINE.

Eh bien?

BLAISE.

Elle m'impofe
Par fon maintien; devant elle-je n'ofe
M'expliquer... la... tout comme je voudrois:
Je fuis venu cependant tout exprès.

NANINE.

Cher Blaife, il faut me rendre un grand fervice.

BLAISE.

Oh! deux plutôt.

NANINE.

Je te fais la juftice
De me fier à ta difcrétion,
A ton bon cœur.

BLAISE.

Oh! parlez fans façon;

R 4

Car,

Car, voyez-vous, Blaife eft prêt à tout faire,
Pour vous fervir, vîte, point de miftere.
NANINE.
Tu vas fouvent au village prochain,
A Rémival, à droite du chemin.
BLAISE.
Oui.
NANINE.
Pourrois-tu trouver dans ce village
Philippe Hombert?
BLAISE.
              Non. Quel eft ce vifage?
Philippe Hombert? je ne connais pas ça.
NANINE.
Hier au foir je crois qu'il arriva;
Informe-t'en. Tâche de lui remettre,
Mais fans délai, cet argent, cette Lettre.
BLAISE.
Oh! de l'argent.
NANINE.
         Donne auffi ce paquet,
Monte à cheval pour avoir plutôt fait:
Pars, & fois fûr de ma reconnaiffance.
BLAISE.
J'irois pour vous au fin fond de la France.
Philippe Hombert eft un heureux manant,
La bourfe eft pleine: ah! que d'argent comptant!
Eft-ce une dette?
NANINE.

COMEDIE.

NANINE.

Elle est très-avérée;
Il n'en est point, Blaise, de plus sacrée;
Ecoute. Hombert est peut-être inconnu,
Peut-être même il n'est pas revenu.
Mon cher ami, tu me rendras ma Lettre,
Si tu ne peux en ses mains la remettre.

BLAISE.

Mon cher ami!

NANINE.

Je me fie à ta foi.

BLAISE.

Son cher ami!

NANINE.

Vas, j'attends tout de toi.

SCENE VI.

BLAISE.

D'où diable vient cet argent! quel message!
Il nous auroit aidés dans le ménage.
Allons, elle a pour nous de l'amitié,
Et ça vaut mieux que de l'argent, morgué:
Courons, courons.

(Il met l'argent & le paquet dans sa poche; il rencontre la Baronne & la soeurte.)

LA BARONNE.

Eh, le butor!... arrête.
L'étourdi m'a pensé casser la tête.

BLAISE.

Pardon, Madame.

LA BARONNE.

Où vas-tu? que tiens-tu?
Que fait Nanine? As-tu rien entendu?
Monsieur le Comte est-il bien en colere?
Quel billet est-ce là?

BLAISE.

C'est un mistere.
Peste!...

LA BARONNE.

Voyons.

BLAISE.

Nanine gronderoit.

LA BARONNE.

Comment dis-tu? Nanine! Elle pourroit
Avoir écrit, te charger d'un message?
Donne, ou je romps soudain ton mariage.
Donne, te dis-je.

BLAISE *riant*.

Oh, oh.

LA BARONNE.

De quoi ris-tu?

BLAISE *riant encore*.

Ah, ah.

LA BARONNE.
J'en veux favoir le contenu:
Elle décachete la Lettre.
Il m'intéreffe, ou je fuis bien trompée.
BLAISE *riant encore.*
Ah, ah, ah, ah, qu'elle eft bien attrapée!
Elle n'a là qu'un chiffon de papier:
Moi j'ai l'argent, & je m'en vais payer
Philippe Hombert: faut fervir fa maîtreffe.
Courons.

SCENE VII.

LA BARONNE *(feule.)*

Lifons. „Ma joie & ma tendreffe
„Sont fans mefure, ainfi que mon bonheur;
„Vous arrivez, quel moment pour mon cœur!.
„Quoi! je ne puis vous voir & vous entendre,
„Entre vos bras je ne puis me jetter!
„Je vous conjure au moins de vouloir prendre
„Ces deux paquets; daignez les accepter.
„Sachez qu'on m'offre un fort digne d'envie
„Et dont il eft permis de s'éblouir;
„Mais il n'eft rien que je ne facrifie
„Au feul mortel que mon cœur doit cherir.
Ouais. Voila donc le ftile de Nanine!
Comme elle écrit, l'innocente orpheline!

Comme

Comme elle fait parler la paſſion!
En vérité ce billet eſt bien bon.
Tout eſt parfait, je ne me ſens pas d'aiſe,
Ah, ah, ruſée, ainſi vous trompiez Blaiſe!
Vous m'enleviez en ſecret mon amant,
Vous avez feint d'aller dans un couvent,
Et tout l'argent que le Comte vous donne,
C'eſt pour Philippe Hombert? Fort bien friponne,
J'en ſuis charmée, & le perfide amour,
Du Comte Olban méritoit bien ce tour.
Je m'en doutois, que le cœur de Nanine
Etoit plus bas que ſa baſſe origine.

SCENE VIII.
LE COMTE, LA BARONNE.

LA BARONNE.

Venez, venez, homme à grands ſentimens,
Homme au-deſſus des préjugés du tems,
Sage amoureux, philoſophe ſenſible,
Vous allez voir un trait aſſez riſible.
Vous connaiſſez ſans doute à Rémival,
Monſieur Philippe Hombert votre rival.

LE COMTE.
Ah! quels diſcours vous me tenez!

LA BARONNE.
Peut-être

Ce billet-là vous le fera connaître.
Je crois qu'Hombert est un fort beau garçon.
LE COMTE.
Tous vos efforts ne sont plus de saison,
Mon parti pris, je suis inébranlable.
Contentez-vous du tour abominable
Que vous vouliez me jouer ce matin.
LA BARONNE.
Ce nouveau tour est un peu plus malin.
Tenez, lisez. Ceci pourra vous plaire,
Vous connaîtrez les mœurs, le caractere
Du digne objet qui vous a subjugué.

Tandis que le Comte lit.

Tout en lisant il me semble intrigué.
Il a pâli, l'affaire émeut sa bile...
Eh bien, Monsieur, que pensez-vous du stile?
Il ne voit rien, ne dit rien, n'entend rien!
Oh, le pauvre homme! il le méritoit bien.
LE COMTE.
Ai-je bien lû? Je demeure stupide;
O tour affreux, sexe ingrat, cœur perfide!
LA BARONNE.
Je le connais, il est né violent,
Il est prompt, ferme, il va dans un moment
Prendre un parti.

SCENE IX.
LE COMTE, LA BARONNE, GERMON.

GERMON.
>Voici dans l'avenue

Madame Olban.
LA BARONNE.
>La vieille eſt revenue?

GERMON.
Madame votre mere, entendez-vous?
Eſt près d'ici, Monſieur.
LA BARONNE.
>Dans ſon courroux

Il eſt devenu ſourd. La lettre opere.
GERMON *criant*.
Monſieur.
LE COMTE.
Plait-il?
GERMON *bas*.
>Madame votre mere,

Monſieur.
LE COMTE.
Que fait Nanine en ce moment?
GERMON.
Mais . . . elle écrit dans ſon appartement.

COMEDIE.

LE COMTE *d'un air froid & sec.*
Allez saisir ses papiers, allez prendre
Ce qu'elle écrit, vous viendrez me le rendre;
Qu'on la renvoie à l'instant.

GERMON,
Qui, Monsieur?

LE COMTE.
Nanine.

GERMON.
Non, je n'aurai pas ce cœur:
Si vous saviez à quel point sa personne
Nous charme tous, comme elle est noble, bonne!

LE COMTE.
Obéïssez ou je vous chasse.

GERMON.
Allons.
Il sort.

SCENE X.
LE COMTE, LA BARONNE.

LA BARONNE.
Ah! je respire, enfin nous l'emportons:
Vous devenez un homme raisonnable.
Ah ça, voyez s'il n'est pas véritable

Qu'on

Qu'on tient toujours de son premier état,
Et que les gens dans un certain éclat,
Ont un cœur noble, ainsi que leur personne?
Le sang fait tout, & la naissance donne
Des sentimens à Nanine inconnus.

LE COMTE.

Je n'en crois rien ; mais soit, n'en parlons plus,
Réparons tout; le plus sage, en sa vie,
A quelquefois ses accès de folie;
Chacun s'égare, & le moins imprudent
Est celui-là qui plutôt se repent.

LA BARONNE.

Oui.

LE COMTE.

Pour jamais cessez, de parler d'elle.

LA BARONNE.

Très-volontiers.

LE COMTE.

Ce sujet de querelle
Doit s'oublier.

LA BARONNE.

Mais vous, de vos sermens
Souvenez-vous.

LE COMTE.

Fort bien. Je vous entends,
Je les tiendrai.

LA BARONNE.

Ce n'est qu'un prompt hommage

Qui

Qui peut ici réparer mon outrage.
Indignement notre hymen différé
Eſt un affront.

LE COMTE.
Il ſera réparé.
Madame, il faut.

LA BARONNE.
Il ne faut qu'un Notaire.

LE COMTE.
Vous ſavez bien . . . que j'attendois ma mere.

LA BARONNE.
Elle eſt ici.

SCENE XI.
LA MARQUISE, LE COMTE, LA BARONNE.

LE COMTE *à ſa mere.*
Madame, j'aurois dû.
à part.   *à ſa mere.*
Philippe Hombert! . . . Vous m'avez prévenu,
Et mon reſpect, mon zéle, ma tendreſſe. . .
à part.
Avec cet air innocent, la traîtreſſe!

LA MARQUISE.
Mais vous extravaguez, mon très-cher fils.
On m'avoit dit en paſſant par Paris,

Que vous aviez la tête un peu frappée,
Je m'apperçois qu'on ne m'a pas trompée,
Mais ce mal-là,

LE COMTE.

Ciel, que je suis confus!

LA MARQUISE.

Prend-il souvent?

LE COMTE.

Il ne me prendra plus.

LA MARQUISE.

Ça, je voudrois ici vous parler seule.

faisant une petite révérence à la Baronne.

Bon jour, Madame.

LA BARONNE *à part.*

Hom. La vieille béguenle.
Madame, il faut vous laisser le plaisir
D'entretenir Monsieur tout à loisir.
Je me retire.

Elle sort.

SCENE XII.
LA MARQUISE, LE COMTE.

LA MARQUISE.
parlant fort vîte & d'un ton de petite vieille babillarde.

Eh bien, Monsieur le Comte,
Vous faites donc à la fin votre compte

COMEDIE.

De me donner la Baronne pour bru.
C'eſt ſur cela que j'ai vîte accouru.
Votre Baronne eſt une acariâtre,
Impertinente, altiere, opiniâtre,
Qui n'eut jamais pour moi le moindre égard.
Qui l'an paſſé, chez la Marquiſe Agard,
En plein ſouper me traita de bavarde;
D'y plus ſouper déſormais Dieu m'en garde.
Bavarde, moi! je ſais d'ailleurs très-bien
Qu'elle n'a pas, entre-nous, tant de bien:
C'eſt un grand point, il faut qu'on s'en informe;
Car on m'a dit que ſon château de l'Orme
A ſon mari n'appartient qu'à moitié;
Qu'un vieux procès, qui n'eſt pas oublié,
Lui diſputoit la moitié de la terre.
J'ai ſû cela de feu votre grand pere:
Il diſoit vrai; c'étoit un homme lui.
On n'en voit plus de ſa trempe aujourd'hui.
Paris eſt plein de ces petits bouts d'homme,
Vains, fiers, fous, ſots, dont le caquet m'aſſomme,
Parlant de tout avec l'air empreſſé,
Et ſe moquant toujours du tems paſſé.
J'entends parler de nouvelle cuiſine,
De nouveaux goûts; on creve, on ſe ruine:
Les femmes ſont ſans frein, & les maris
Sont des bénets. Tout va de pis en pis.

LE COMTE *relifant le billet.*
Qui l'auroit crû ? Ce trait me défefpere.
Eh bien, Germon ?

SCENE XIII.

LA MARQUISE, LE COMTE, GERMON.

GERMON.
Voici votre Notaire.
LE COMTE.
Oh ! qu'il attende.
GERMON.
Eh ! voici le papier,
Qu'elle devoit, Monfieur, vous envoyer.
LE COMTE *lifant.*
Donne ... fort bien. Elle m'aime, dit-elle,
Et par refpect me refufe ! ... Infidelle !
Tu ne dis pas la raifon du refus !
LA MARQUISE.
Ma foi, mon fils a le cerveau perclus ;
C'eft fa Baronne, & l'amour le domine.
LE COMTE *à Germon.*
M'a-t-on bientôt délivré de Nanine ?
GERMON.
Hélas ! Monfieur, elle a déja repris
Modeftement fes champêtres habits,

Sans

Sans dire un mot de plainte & de murmûre.
LE COMTE.
Je le crois bien.
GERMON.
Elle a pris cette injure
Tranquillement, lorsque nous pleurons tous.
LE COMTE.
Tranquillement?
LA MARQUISE.
Hem! de qui parlez-vous?
GERMON.
Nanine, hélas! Madame, que l'on chasse,
Tout le château pleure de sa disgrace.
LA MARQUISE.
Vous la chassez; je n'entends point cela:
Quoi! ma Nanine? Allons, rapellez-la.
Qu'a-t-elle fait ma charmante orpheline?
C'est moi, mon fils, qui vous donnai Nanine;
Je me souviens qu'à l'âge de dix ans,
Elle enchantoit tout le monde céans.
Notre Baronne ici la prit pour elle,
Et je prédis dès lors que cette belle
Seroit fort mal, & j'ai très-bien prédit;
Mais j'eus toujours chez vous peu de crédit.
Vous prétendez tout faire à votre tête,
Chasser Nanine c'est un trait malhonnête,

LE COMTE.

Quoi! seule, à pied, sans secours, sans argent!

GERMON.

Ah! j'oubliois de dire qu'à l'instant
Un vieux bon homme à vos gens se présente;
Il dit que c'est une affaire importante
Qu'il ne sauroit communiquer qu'à vous,
Il veut, dit-il, se mettre à vos genoux.

LE COMTE.

Dans le chagrin où mon cœur s'abandonne,
Suis-je en état de parler à personne?

LA MARQUISE.

Ah! vous avez du chagrin, je le croi,
Vous m'en donnez aussi beaucoup à moi;
Chasser Nanine, & faire un mariage
Qui me déplait! non, vous n'êtes pas sage.
Allez, trois mois ne seront pas passés,
Que vous ferez l'un de l'autre lassés,
Je vous prédis la pareille avanture
Qu'à mon cousin le Marquis de Marmure.
Sa femme étoit aigre comme verjus,
Mais entre-nous, la votre l'est bien plus.
En s'époufant ils crurent qu'ils s'aimerent,
Deux mois après tous deux se séparerent.
Madame alla vivre avec un galant
Fat, petit-maître, escroc, extravagant;
Et Monsieur prit une franche coquette,

Une intrigante & friponne parfaite.
Des foupers fins, la petite maifon,
Chevaux, habits, maître d'hôtel fripon,
Bijoux nouveaux pris à crédit, Notaires,
Contrats vendus & dettes ufuraires :
Enfin, Monfieur & Madame en deux ans,
A l'hôpital allérent tout d'un téms.
Je me fouviens encor d'une autre hiftoire
Bien plus tragique, & difficile à croire.
C'étoit.

LE COMTE.

Ma mere, il faut aller dîner.
Venez... O Ciel! ai-je pû foupçonner
Pareille horreur!

LA MARQUISE.

Elle eft épouvantable.
Allons, je vais la raconter à table,
Et vous pourrez tirer un grand profit,
En tems & lieu, de tout ce que j'ai dit.

Fin du fecond Acte.

****

ACTE III.

SCENE PREMIERE.

NANINE, *vêtue en païsanne.* GERMON.

GERMON.
Nous pleurons tous en vous voyant sortir.
NANINE.
J'ai tardé trop, il est tems de partir.
GERMON.
Quoi! pour jamais & dans cet équipage?
NANINE.
L'obscurité fut mon premier partage.
GERMON.
Quel changement! Quoi, du matin au soir!
Souffrir n'est rien, c'est tout que de déchoir.
NANINE.
Il est des maux mille fois plus sensibles.
GERMON.
J'admire encor des regrets si paisibles:
Certes, mon maître est bien mal avisé;
Notre Baronne a sans doute abusé
De son pouvoir, & vous fait cet outrage:
Jamais Monsieur n'auroit eu ce courage.
NANINE.

NANINE.

Je lui dois tout: il me chaffe aujourd'hui,
Obéïffons. Ses bienfaits font à lui,
Il peut ufer du droit de les reprendre.

GERMON.

A ce trait-là qui diable eût pû s'attendre?
En cet état qu'allez-vous devenir?

NANINE.

Me retirer, long-tems me repentir.

GERMON.

Que nous allons haïr notre Baronne!

NANINE.

Mes maux font grands, mais je les lui pardonne.

GERMON.

Mais que dirai-je au moins de votre part
A notre maître après votre départ?

NANINE.

Vous lui direz que je le remercie
Qu'il m'ait rendue à ma premiere vie;
Et qu'à jamais fenfible à fes bontés,
Je n'oublierai . . . rien . . . que fes cruautés.

GERMON.

Vous me fendez le cœur, & tout à l'heure
Je quitterois pour vous cette demeure.
J'irois partout avec vous m'établir;
Mais Monfieur Blaife a fû nous prévenir.

Qu'il eſt heureux! avec vous il va vivre:
Chacun voudroit l'imiter & vous ſuivre.

NANINE.

On eſt bien loin de me ſuivre... Ah! Germon,
Je ſuis chaſſée.... & par qui?...

GERMON.

Le démon
A mis du ſien dans cette brouillerie;
Nous vous perdons... & Monſieur ſe marie.

NANINE.

Il ſe marie!... Ah! partons de ce lieu,
Il fut pour moi trop dangereux... Adieu...
Elle ſort.

GERMON.

Monſieur le Comte a l'ame un peu bien dure:
Comment chaſſer pareille créature!
Elle paraît une fille de bien.
Mais il ne faut pourtant jurer de rien.

SCENE II.

LE COMTE, GERMON.

LE COMTE.

Eh bien, Nanine eſt donc enfin partie?

GERMON.

Oui, c'en eſt fait.

COMEDIE.

LE COMTE.

J'en ai l'ame ravie.

GERMON.

Votre ame est donc de fer.

LE COMTE.

Dans le chemin
Philippe Hombert lui donnoit-il la main?

GERMON.

Qui? quel Philippe Hombert? Hélas! Nanine,
Sans écuyer, fort tristement chemine;
Et de ma main ne veut pas seulement.

LE COMTE.

Où donc va-t-elle?

GERMON.

Où? mais apparemment
Chez ses amis.

LE COMTE.

A Rémival, sans doute.

GERMON.

Oui, je crois bien qu'elle prend cette route.

LE COMTE.

Va la conduire à ce couvent voisin
Où la Baronne alloit dès ce matin:
Mon dessein est qu'on la mette sur l'heure
Dans cette utile & décente demeure:
Ces cent louis la feront recevoir.
Va;.....garde-toi de laisser entrevoir

Que

Que c'eſt un don que je veux bien lui faire.
Dis-lui que c'eſt un préſent de ma mere;
Je te défends de prononcer mon nom.

GERMON.

Fort bien; je vais vous obéir.

Il fait quelques pas.

LE COMTE.

Germon,
A ſon départ, tu dis que tu l'as vûe.

GERMON.

Eh! oui, vous dis-je.

LE COMTE.

Elle étoit abattue?
Elle pleuroit?

GERMON.

Elle faiſoit bien mieux,
Ses pleurs couloient à peine de ſes yeux:
Elle vouloit ne pas pleurer.

LE COMTE.

A-t-elle
Dit quelque mot qui marque, qui décele
Ses ſentimens? As-tu remarqué?...

GERMON.

Quoi?

LE COMTE.

A-t-elle enfin, Germon, parlé de moi!

COMEDIE.

GERMON.

Eh! oui, beaucoup.

LE COMTE.

Eh bien, dis-moi donc, traître,
Qu'a-t-elle dit?

GERMON.

Que vous êtes son maître;
Que vous ayez des vertus, des bontés;
Qu'elle oubliera tout, hors vos cruautés.

LE COMTE.

Va... mais surtout gardes qu'elle revienne.

Germon sort.

Germon!

GERMON.

Monsieur.

LE COMTE.

Un mot, qu'il te souvienne
Si par hazard, quand tu la conduiras,
Certain Hombert venoit suivre ses pas,
De le chasser de la belle maniere.

GERMON.

Oui, poliment à grands coups d'étriviere:
Comptez sur moi; je sers fidelement.
Le jeune Hombert, dites-vous?

LE COMTE.

Justement.

GERMON.

Bon, je n'ai pas l'honneur de le connaître;
Mais le premier que je verrai paraître

Sera

Sera roffé de la bonne façon ;
Et puis après il me dira fon nom.

Il fait un pas & revient.

Ce jeune Hombert eft quelque amant, je gage,
Un beau garçon, le coq de fon village.
Laiffez-moi faire.

LE COMTE.

Obéis promptement.

GERMON.

Je me doutois qu'elle avoit quelque amant,
Et Blaife auffi lui tient au cœur peut-être ;
On aime mieux fon égal que fon maître.

LE COMTE.

Ah ! cours te dis-je.

SCENE III.

LE COMTE *feul.*

Hélas ! il a raifon,
Il prononçoit ma condamnation :
Et moi du coup qui m'a pénétré l'ame,
Je me punis, la Baronne eft ma femme ;
Il le faut bien, le fort en eft jetté,
Je fouffrirai, je l'ai bien mérité.

Ce mariage eſt au moins convenable;
Notre Baronne a l'humeur peu traitable,
Mais, quand on veut, on ſait donner la loi,
Un eſprit ferme eſt le maître chez ſoi.

SCENE IV.

LE COMTE, LA BARONNE,
LA MARQUISE.

LA MARQUISE.
Or ça, mon fils, vous épouſez Madame.
LE COMTE.
Eh, oui.
LA MARQUISE.
Ce ſoir elle eſt donc votre femme,
Elle eſt ma bru ?
LE COMTE.
Si vous le trouvez bon.
LA BARONNE.
J'aurai, je crois, votre approbation.
LA MARQUISE.
Allons, allons, il faut bien y ſouſcrire ;
Mais dès demain chez moi je me retire.
LE COMTE.
Vous retirer! eh, ma mere, pourquoi?
LA MARQUISE.
J'emmenerai ma Nanine avec moi.

Vous

Vous la chaffez, & moi je la marie;
Je fais la nôce en mon château de Brie,
Et je la donne au jeune Sénéchal,
Propre neveu du Procureur Fifcal,
Jean Roc Souci; c'eft lui de qui le pere
Eut à Corbeil cette plaifante affaire:
De cet enfant je ne peux me paffer;
C'eft un bijou que je veux enchaffer,
Je vais la marier... Adieu.

LE COMTE.

Ma mere,
Ne foyez pas contre nous en colere;
Laiffez Nanine aller dans un couvent,
Ne changez rien à notre arrangement.

LA BARONNE.

Oui, croyez-nous, Madame, une famille
Ne fe doit point charger de telle fille.

LA MARQUISE.

Comment! quoi donc!

LA BARONNE.
Peu de chofe.

LA MARQUISE.

Mais.

LA BARONNE.

Rien.

LA MARQUISE.

Rien, c'eft beaucoup. J'entends, j'entends fort bien.

Auroit-elle eu quelque tendre folie?
Cela se peut, car elle est si jolie:
Je m'y connais: on tente, on est tenté,
Le cœur a bien de la fragilité.
Les filles sont toujours un peu coquettes,
Le mal n'est pas si grand que vous le faites.
Ça, contez-moi, sans nul déguisement,
Tout ce qu'a fait notre charmante enfant.

LE COMTE.

Moi, vous conter?

LA MARQUISE.

Vous avez bien la mine
D'avoir au fond quelque goût pour Nanine:
Et vous pourriez...

SCENE V.

LE COMTE, LA MARQUISE, LA BARONNE, MARIN *en bottes.*

MARIN.

Enfin, tout est baclé,
Tout est fini.

LA MARQUISE.

Quoi?

LA BARONNE.

Qu'est-ce?

MARIN.

J'ai parlé
A nos

A nos marchands, j'ai bien fait mon meſſage,
Et vous aurez demain tout l'équipage.
LA BARONNE.
Quel équipage ?
MARIN.
Oui, tout ce que pour vous
A commandé vôtre futur époux.
Six beaux chevaux, & vous ſerez contente
De la berline; elle eſt bonne, brillante,
Tous les paneaux par Martin ſont vernis;
Les diamans ſont beaux, très-bien choiſis,
Et vous verrez des étoffes nouvelles
D'un goût charmant. Oh! rien n'approche d'elles.
LA BARONNE, *au Comte.*
Vous avez donc commandé tout cela?
LE COMTE,
à part.
Oui… Mais pour qui?
MARIN.
Le tout arrivera
Demain matin dans ce nouveau caroſſe,
Et ſera prêt le ſoir pour votre nôce.
Vive Paris pour avoir ſur le champ
Tout ce qu'on veut quand on a de l'argent.
En revenant j'ai revû le Notaire
Tout prêt d'ici griffonnant votre affaire.
LA BARONNE.
Ce mariage a traîné bien long-tems.

COMÉDIE.

LA MARQUISE *à part.*
Ah! je voudrois qu'il traînât quarante ans.

MARIN.
Dans ce sallon j'ai trouvé tout à l'heure
Un bon vieillard qui gémit & qui pleure;
Depuis long-tems il voudroit vous parler.

LA BARONNE.
Quel importun! qu'on le fasse en aller;
Il prend trop mal son tems.

LA MARQUISE.
Pourquoi, Madame?
Mon fils, ayez un peu de bonté d'âme;
Et croyez-moi, c'est un mal des plus grands
De rebuter ainsi les pauvres gens.
Je vous ai dit cent fois dans votre enfance,
Qu'il faut pour eux avoir de l'indulgence,
Les écouter d'un air affable, doux;
Ne sont-ils pas hommes tout comme nous?
On ne sait pas à qui l'on fait injure,
On se repent d'avoir eu l'ame dure.
Les orgueilleux ne prosperent jamais;

à Marin.
Allez chercher ce bon homme.

MARIN.
J'y vais.
Il sort.

LE COMTE.

Pardon, ma mere, il a fallu vous joindre
Mes premiers soins, & je suis prêt d'entendre
Cet homme-là malgré mon embarras.

SCENE VI.
LE COMTE, LA MARQUISE, LA BARONNE, LE PAYSAN.

LA MARQUISE, *au Paysan.*

Approchez-vous, parlez, ne tremblez pas.

LE PAYSAN.

Ah! Monseigneur, écoutez-moi de grace:
Je suis.... Je tombe à vos pieds que j'embrasse,
Je viens vous rendre.

LE COMTE.

    Ami, relevez-vous,
Je ne veux point qu'on me parle à genoux,
D'un tel orgueil je suis trop incapable,
Vous avez l'air d'être un homme estimable.
Dans ma maison cherchez-vous de l'emploi?
A qui parlai-je?

LA MARQUISE.

    Allons, rassure-toi.

LE PAYSAN.

Je suis, hélas! le pere de Nanine.

COMÉDIE.

LE COMTE.
Vous ?
LA BARONNE.
Ta fille est une grande coquine.
LE PAYSAN.
Ah ! Monseigneur, voila ce que j'ai craint,
Voila le coup dont mon cœur est atteint ;
J'ai bien pensé qu'une somme si forte
N'appartient pas à des gens de sa sorte :
Et les petits perdent bientôt leurs mœurs,
Et sont gâtés auprès des grands Seigneurs.
LA BARONNE.
Il a raison. Mais il trompe, & Nanine
N'est point sa fille, elle étoit orpheline.
LE PAYSAN.
Il est trop vrai : chez de pauvres parens
Je la laissai dès ses plus jeunes ans.
Ayant perdu mon bien avec sa mere,
J'allai servir, forcé par la misere,
Ne voulant pas dans mon funeste état
Qu'elle passât pour fille d'un soldat,
Lui défendant de me nommer son pere.
LA MARQUISE.
Pourquoi cela ? Pour moi je considere
Les bons soldats, on a grand besoin d'eux
LE COMTE.
Qu'a ce métier, s'il vous plait, de honteux

LE PAYSAN.
Il est bien moins honoré qu'honorable.
LE COMTE.
Ce préjugé fut toujours condamnable :
J'estime plus un vertueux soldat
Qui, de son sang, sert son prince & l'état,
Qu'un important que sa lâche industrie
Engraisse en paix du sang de la patrie.
LA MARQUISE.
Ça, vous avez vû beaucoup de combats,
Contez-les moi bien tous, n'y manquez pas.
LE PAYSAN.
Dans la douleur, hélas ! qui me déchire,
Permettez-moi seulement de vous dire
Qu'on me promit cent fois de m'avancer ;
Mais sans appui comment peut-on percer ?
Toujours jetté dans la foule commune,
Mais distingué, l'honneur fut ma fortune.
LA MARQUISE.
Vous êtes donc né de condition ?
LA BARONNE.
Fi, quelle idée !
LE PAYSAN, *à la Baronne.*
Hélas ! Madame, non,
Mais je suis né d'une honnête famille,
Je méritois peut-être une autre fille,

LA

COMÉDIE.

LA MARQUISE.
Que vouliez-vous de mieux ?
LE COMTE.
Eh ! poursuivez.
LA MARQUISE.
Mieux que Nanine ?
LE COMTE.
Ah ! de grace, achevez.
LE PAYSAN.
J'appris qu'ici ma fille fut nourrie,
Qu'elle y vivoit bien traitée & chérie :
Heureux alors, & béniſſant le Ciel,
Vous, vos bontés, votre foin paternel,
Je suis venu dans le prochain village,
Mais plein de trouble & craignant son jeune âge
Tremblant encor, lorsque j'ai tout perdu,
De retrouver le bien qui m'est rendu.
Montrant la Baronne.
Je viens d'entendre au diſcours de Madame
Que j'eus raiſon : elle m'a percé l'ame,
Je vois fort bien que ces cent Louis d'or,
Des diamans, font un trop grand tréſor,
Pour les tenir par un droit légitime :
Elle ne peut les avoir eu ſans crime.
Ce ſeul ſoupçon me fait frémir d'horreur,
Et j'en mourrois de honte & de douleur.
Je ſuis venu ſoudain pour vous les rendre,
Ils ſont à vous, vous devez les reprendre;

T 4   Et

Et si ma fille est criminelle, hélas!
Punissez-moi, mais ne la perdez pas.
LA MARQUISE.
Ah, mon cher fils, je suis toute attendrie?
LA BARONNE.
Ouais, est-ce un songe? Est-ce une fourberie?
LE COMTE.
Ah! qu'ai-je fait?
LE PAYSAN, *Il tire la bourse & le paquet.*
Tenez, Monsieur, tenez.
LE COMTE.
Moi les reprendre! ils ont été donnés,
Elle en a fait un respectable usage.
C'est donc à vous qu'on a fait le message?
Qui l'a porté?
LE PAYSAN.
C'est votre Jardinier,
A qui Nanine osa se confier.
LE COMTE.
Quoi! c'est à vous que le présent s'adresse?
LE PAYSAN.
Oui, je l'avoue.
LE COMTE.
Ô douleur! ô tendresse!
Des deux côtés quel excès de vertu!
Et votre nom? Je demeure éperdu!
LA MARQUISE.
Eh, dites donc votre nom. Quel mistere!

LE

COMEDIE.

LE PAYSAN.

Philippe Hombert de Gatine.

LE COMTE.

Ah! mon pere?

LA BARONNE.

Que dit-il là?

LE COMTE.

Quel jour vient m'éclairer.
J'ai fait un crime, il le faut réparer;
Si vous saviez combien je suis coupable!
J'ai maltraité la vertu respectable.

Il va lui-même à un de ses gens.

Hola! tourez.

LA BARONNE.

Et quel empressement?

LE COMTE.

Vîte un carosse.

LA MARQUISE.

Oui, Madame, à l'instant,
Vous devriez être sa protectrice;
Quand on a fait une telle injustice,
Sachez de moi que l'on ne doit rougir
Que de ne pas assez se repentir.
Monsieur mon fils a souvent des lubies
Que l'on prendroit pour de franches folies.
Mais dans le fonds c'est un cœur généreux;
Il est né bon, j'en fais ce que je veux.

Vous n'êtes pas, ma bru, si bienfaisante,
Il s'en faut bien.
LA BARONNE.
Que tout m'impatiente !
Qu'il a l'air sombre, embarrassé, rêveur,
Quel sentiment étrange est dans son cœur ?
Voyez, Monsieur, ce que vous voulez faire.
LA MARQUISE.
Oui, pour Nanine.
LA BARONNE.
On peut la satisfaire
Par des présens.
LA MARQUISE.
C'est le moindre devoir.
LA BARONNE.
Mais moi jamais je ne veux la revoir;
Que du château jamais elle n'approche:
Entendez-vous ?
LE COMTE.
J'entends.
LA MARQUISE.
Quel cœur de roche !
LA BARONNE.
De mes soupçons évitez les éclats.
Vous hésitez ?
LE COMTE, *après un silence.*
Non, je n'hésite pas.

LA

COMÉDIE.

LA BARONNE.
Je dois m'attendre à cette déférence;
Vous le devez à tous les deux je pense.

LA MARQUISE.
Seriez-vous bien assez cruel, mon fils?

LA BARONNE.
Quel parti prendrez-vous?

LE COMTE.
Il est tout pris.
Vous connaissez mon ame & sa franchise;
Il faut parler, ma main vous fut promise;
Mais nous n'avions voulu former ces nœuds,
Que pour finir un procès dangereux.
Je le termine, & dès l'instant je donne,
Sans nul regret, sans détour j'abandonne
Mes droits entiers & les prétentions
Dont il naquit tant de divisions.
Que l'intérêt encor vous en revienne,
Tout est à vous, jouissez-en sans peine:
Que la raison fasse du moins de nous
Deux bons parens ne pouvant être époux.
Oublions tout, que rien ne nous aigrisse:
Pour n'aimer pas, faut-il qu'on se haïsse?

LA BARONNE.
Je m'attendois à ton manque de foi:
Va, je renonce à tes présens, à toi.

Traître,

Traître, je vois avec qui tu vas vivre,
A quel mépris ta passion te livre.
Sers noblement sous les plus viles loix,
Je t'abandonne à ton indigne choix.

Elle sort.

SCENE VII.
LE COMTE, LA MARQUISE, PHILIPPE HOMBERT.

LE COMTE.

Non, il n'est point indigne; non, Madame,
Un fol amour n'aveugla point mon ame,
Tant de vertus qu'il faut récompenser
Doit m'attendrir, & ne peut m'abaisser.
Dans ce vieillard ce qu'on nomme bassesse
Fait son mérite, & voila sa noblesse.
La mienne à moi c'est d'en payer le prix;
C'est pour des cœurs par eux-même annoblis
Et distingués par ce grand caractere,
Qu'il faut passer sur la regle ordinaire;
Et leur naissance avec tant de vertus,
Dans ma maison n'est qu'un titre de plus.

LA MARQUISE.

Quoi donc? quel titre? & que voulez-vous dire?

SCENE VIII.
LE COMTE, LA MARQUISE, NANINE, PHILIPPE HOMBERT.

LE COMTE *à sa mere.*

Son seul aspect devroit vous en instruire.

LA MARQUISE.

Embrasse-moi cent fois, ma chere enfant,
Elle est vêtue un peu mesquinement;
Mais qu'elle est belle, & comme elle a l'air sage

NANINE.
(courant entre les bras de Philippe Hombert, après s'être baissée devant la Marquise.)

Ah! la nature a mon premier hommage.
Mon pere!

PHILIPPE HOMBERT.

O Ciel! ô ma fille! Ah, Monsieur,
Vous réparez quarante ans de malheur!

LE COMTE.

Oui; mais comment faut-il que je répare
L'indigne affront qu'un mérite si rare,
Dans ma maison, pût de moi recevoir?
Sous quel habit revient-elle nous voir!
Il est trop vil, mais elle le décore,
Non, il n'est rien que Nanine n'honore.
Eh bien, parlez: Auriez-vous la bonté
De pardonner à tant de dureté?

NANINE.

NANINE.

Que me demandez-vous? Ah! je m'étonne
Que vous doutiez si mon cœur vous pardonne.
Je n'ai pas crû que vous puissiez jamais
Avoir eu tort après tant de bienfaits.

LE COMTE.

Si vous avez oublié cet outrage,
Donnez-m'en donc le plus sûr témoignage:
Je ne veux plus commander qu'une fois,
Mais jurez-moi d'obéïr à mes loix.

PHILIPPE HOMBERT.

Elle le doit, & sa reconnaissance...

NANINE *à son pere.*

Il est bien sûr de mon obéïssance.

LE COMTE.

J'ose y compter. Oui, je vous avertis
Que vos devoirs ne sont pas tous remplis.
Je vous ai vûe aux genoux de ma mere,
Je vous ai vûe embrasser votre pere;
Ce qui vous reste en des momens si doux...
C'est... à leurs yeux... d'embrasser... votre époux.

NANINE.

Moi!

LA MARQUISE.

Quelle idée! Est-il bien vrai?

PHILIPPE HOMBERT.

Ma fille!

LE COMTE *à sa mere.*
Le daignez-vous permettre?
LA MARQUISE.
La famille
Etrangement, mon fils, clabaudera.
LE COMTE.
En la voyant elle l'approuvera.
PHILIPPE HOMBERT.
Quel coup du fort; non, je ne puis comprendre
Que jusques-là vous prétendiez descendre.
LE COMTE.
On m'a promis d'obéir . . . je le veux.
LA MARQUISE.
Mon fils.
LE COMTE.
Ma mere, il s'agit d'être heureux.
L'intérêt seul a fait cent mariages;
Nous avons vû les hommes les plus sages,
Ne consulter que les mœurs & le bien:
Elle a les mœurs, il ne lui manque rien;
Et je ferai par goût & par justice
Ce qu'on a fait cent fois par avarice.
Ma mere, enfin terminez ces combats,
Et consentez,
NANINE.
Non, n'y consentez pas;
Opposez-vous à sa flâme . . . à la mienne,
Voila de vous ce qu'il faut que j'obtienne.
L'amour

L'amour l'aveugle; il le faut éclairer;
Ah! loin de lui, laissez-moi l'adorer.
Voyez mon sort; voyez ce qu'est mon pere;
Puis-je jamais vous apeller ma mere?

LA MARQUISE.

Oui, tu le peux, tu le dois; c'en est fait,
Je ne tiens pas contre ce dernier trait;
Il nous dit trop combien il faut qu'on t'aime,
Il est unique.... aussi-bien que toi-même.

NANINE.

J'obéis donc à votre ordre; à l'amour
Mon cœur ne peut résister.

LA MARQUISE.

     Que ce jour
Soit des vertus la digne récompense,
Mais sans tirer jamais à conséquence.

Fin du troisième & dernier Acte.

FIN DU TOME NEUVIEME.

Imprimé à Leipsic
chez Jean Gottl. Immani. Breitkopf.

www.ingramcontent.com/pod-product-compliance
Lightning Source LLC
Chambersburg PA
CBHW071534160426
43196CB00010B/1769